¿CÓMO Y CUÁNDO NACISTE?

Mercedes Samsó Salvador

E-mail: mercedessamso@hotmail.com

Compre este libro en línea visitando www.trafford.com
o por correo electrónico escribiendo a orders@trafford.com

La gran mayoría de los títulos de Trafford Publishing también
están disponibles en las principales tiendas de libros en línea.

Imprimé à Estados Unidos de América.

ISBN: 978-1-4251-8329-5 (sc)
ISBN: 978-1-4251-8330-1 (e)

Trafford rev. 10/10/2012

 www.trafford.com

Para Norteamérica y el mundo entero
llamadas sin cargo: 1 888 232 4444 (USA & Canadá)
teléfono: 250 383 6864 ♦ fax: 812 355 4082

¿CÓMO Y CUÁNDO NACISTE?

PODRÁS VIVIR MÁS SATISFACTORIA-MENTE SI DESCUBRES Y NEUTRALIZAS LOS PENSAMIENTOS QUE LIMITAN TU FELICIDAD.

LA MAYORÍA DE ELLOS SE BASAN EN TU PARTICULAR FORMA DE NACER Y EN COMO TE RELACIONASTE EN LA FAMILIA SEGÚN FUERA TU POSICIÓN ORDINAL ENTRE LOS HERMANOS.

Mercedes Samsó Salvador

ÍNDICE

ACLARACIÓN ……... …………………….... 13

INTRODUCCIÓN …………………………. 17

LOS PORQUÉS ………... ……………….. 21

LA SOCIALIZACIÓN …… ……………… 27

EL EMBARAZO ……… …………………. 33

EL NACIMIENTO…………………………. 39

TIPOS DE NACIMIENTO ………………… 47

NACIMIENTOS NATURALES …………….. 48

NACIMIENTOS NORMALES ……………… 53

NACIMIENTOS INDUCIDOS ……………… 56

NACIMIENTOS EN CLÍNICAS …………… 59

NACIMIENTOS POR CESÁREA …... ………….. 66

PREMATUROS EN INCUBADORAS ………….. 69

NACIMIENTOS CON FÓRCEPS ……………... 71

DEL SEXO NO DESEADO ………………… 74

MI NACIMIENTO …………………………... 77

EN POSICIÓN HORIZONTAL ……………... 82

LOS GEMELOS …………………………... 85

APRISIONADOS POR EL CORDÓN …………... 88

CON PROBLEMAS DE TIEMPO ……………... 91

NACIMIENTOS DE ESPALDA 94

HIJOS NO ESPERADOS 96

HIJOS NO DESEADOS ...…........................... 97

EMBARAZOS ACCIDENTALES ....…............. 98

CON INTENTO DE ABORTO 99

HIJOS ILEGÍTIMOS 100

PREMATURAMENTE HUÉRFANOS ...…........ 100

CON PROBLEMAS ECONOMICOS 102

EL GINECÓLOGO 105

EL SÍNDROME DEL TOCÓLOGO 107

LA ALIMENTACIÓN 111

LA NIÑEZ 119

MI NIÑEZ 133

EL ORDEN DE NACIMIENTO 135

LOS HIJOS ÚNICOS 145

DEJAR DE SER ÚNICO 153

LOS HIJOS MAYORES 159

YO SOY HIJA MAYOR 167

LOS HIJOS MEDIANOS 173

LOS HIJOS MENORES 183

LAS MÁSCARAS ....… 191

LAS FRASES PODEROSAS 213

LAS TRAMPAS DEL EGO 241

AGRADECIMIENTOS 257

"El conocimiento iluminó estancias olvidadas en la oscura casa de la infancia. Ahora sé por qué podía sentir añoranza del hogar, estando en casa".

G.K. Chesterton

ACLARACIÓN

En este libro voy a hablar mucho sobre las características y comportamientos de los seres humanos, sean hombres o mujeres. Pero he decidido usar el masculino, por lo genérico de la expresión: El bebé, el niño, el hijo, el hombre, sin poner continuamente os/as como los/as hijos/as. Encuentro muy pesada esta forma de concreción al leerla o al escribirla, por lo que no voy a usarla. Simplificaré con el genérico masculino, teniendo en cuenta que en él incluyo siempre al género femenino.

"Ver claramente la situación en que uno
se encuentra es el primer paso para superarla "

Eckhart Tolle

INTRODUCCIÓN

"La mejor forma de manejar los problemas
de la vida es resolviéndolos"
M. Scout Peck

Deseo que este libro nos pueda ayudar a clarificar las causas profundas de nuestro carácter; o sea, los lejanos pensamientos promotores que sustentan las bases de nuestra personalidad y la dotan de sus peculiares características positivas y negativas.

Sólo reconociendo el poder inconsciente de estos pensamientos podremos iniciar el camino hacia la disolución consciente de los que nos hacen sentir infelices.

Al reaccionar a lo que nos sucedió en las épocas más tempranas de nuestra vida, elaboramos pensamientos y deducciones que moldearon nuestros sentimientos, nuestras opiniones y nuestras conductas. Durante la etapa uterina, el parto y la niñez pusimos las bases sobre las que fuimos construyendo luego nuestra personalidad adulta.

Es interesante constatar el gran poder que poseen los impactos emocionales recibidos cuando la mente está casi en blanco. Para poder responder a su fuerte sacudida interior creamos pensamientos deductivos que se sustentaban en razones subjetivas con muy poca base de experimentación.

Los sentimientos y las reacciones que nos provocaron forman el inicial sustrato grabado para siempre en el remoto fondo del subconsciente y desde allí, aunque los ignoremos, no dejan nunca de ejercer su poder transformados en habitudes y pautas de comportamiento.

Con espíritu divulgativo he tipificado las distintas formas de nacer y de relacionarnos en la familia según sea nuestro orden de nacimiento entre los hermanos.

Todas ellas son unas explicaciones simplificadas de unas experiencias quizás más complejas, pues al querer resumir he topado con la gran diversidad de factores interdependientes ajenos a las experiencias que comento. Sin embargo, todas las características que menciono poseen un alto grado de fiabilidad.

Yo os ofrezco lo que para mí fue y para vosotros quizás puede ser, la punta de los hilos de la madeja de la propia vida, por si deseáis esclarecer la causa de los repetidos comportamientos negativos que os hacen sentir infelices y no os dejan disfrutar de la vida. Podréis también conocer y potenciar los aspectos positivos que poseéis por haber asimilado beneficiosamente algunas experiencias pasadas.

Encontraréis una serie de datos y comentarios para que los consideréis como lo que son: descripciones aproximadas de situaciones probables. Pero quiero aclarar que no son obligaciones que digan a nadie cómo debe ser o cómo debe reaccionar.

Si la descripción de los patrones de conducta que corresponden a vuestro tipo de nacimiento o a vuestro lugar en el orden entre los hermanos, os parece que no se ajusta a vuestra forma de ser, quizá tengáis un factor distintivo muy determinante. Sin embargo, me permito rogaros que las leáis con calma o las hagáis leer a algún familiar o amigo que os conozca bien, pues a veces nosotros mismos no somos los mejores observadores de nuestro carácter, de nuestra forma de reaccionar y del tono de nuestras expresiones. Es asombroso lo que llegamos a desconocernos.

LOS PORQUÉ

"Buscando la carga más pesada de todas,

te encontraste a ti mismo"

Nietzsche

Siempre fui una chica comedida y algo tímida, con un espíritu rebelde agazapado tras un fondo de melancolía y pesadumbre. No sufrí grandes desgracias ni experiencias traumáticas, pero habitualmente me sentía descontenta y malhumorada. Disfruté de buena salud y de bienestar económico en el seno de una acomodada familia barcelonesa; sin embargo, la vida no me ilusionaba. No entendía la razón de las frustraciones, la amargura y los desengaños que muchas situaciones, aparentemente normales, me producían.

Yo siempre deseaba portarme bien, no inventar historias falsas ni repetir aquellas sonadas pataletas que luego me avergonzaban. Quería tener buenas amigas, quería ser simpática, quería que me valoraran, que me comprendieran, quería estar contenta, quería sentirme reconocida y querida, quería dejar de considerarme rara, quería tener una misión que me entusiasmara y llevara alegría a mi vida. Estos eran mis deseos y mis propósitos. Pero, en el lento transcurrir de los días y los años, las situaciones frustrantes, aunque fueran diferentes, volvían a aparecer y, por lo tanto, continuaban mis malas caras, mi tono agrio, mis antipatías, mis rencores y mi soledad, que teñían de oscuro color una vida aparentemente agradable.

¿Por qué sentía tanto rechazo hacia las personas que consideraba mimadas? ¿Por qué me sucedían tantas cosas que me frustraban? ¿Por qué casi nunca me sentía feliz? Sólo quería disfrutar de la vida ¿Por qué era tan difícil lograr lo que deseaba?

Mis frustraciones, mis amarguras, mis preguntas y mi afán por hallar respuestas me convirtieron en una gran lectora. Los libros fueron durante muchos años mis únicos verdaderos amigos; ellos se convirtieron en las primeras puertas que se abrieron a la luz que me mostraba lo que tanto ansiaba saber. Ahora agradezco a la Vida que me haya llevado a ser la autora de unos libros con los que pretendo ayudar a comprender las profundas razones que nos impiden ser felices, disfrutar de las cosas sencillas y tener una actitud tolerante y abierta.

Quiero explicar que, por profundas o dolorosas que sean esas razones, podemos reconocerlas y sanarlas; podemos lograr vivir felices al cambiar el punto de referencia que nos han dado; podemos comprenderlas mejor al conocer lo que sentimos en las primeras etapas de la vida. Quiero explicar cómo esos pensamientos remotos nos afectan mucho más de lo que comúnmente pensamos.

Puedo deciros sin falsa modestia que voy encontrando respuestas a muchas preguntas: estoy comprendiendo y estoy experimentando. Mi vida ha cambiado, ya que he clarificado muchas ideas que me confundían; he logrado ser alegre e intento disfrutar con las experiencias que se me presentan. Me siento muy unida a mi extensa familia, en la que me siento muy querida. Gozo de amistades entrañables y sinceras con las que comparto el afán de búsqueda. Juntas avanzamos por el camino de la consciencia, el reconocimiento y la espiritualidad.

Ahora, deseo compartir lo que he aprendido en el transcurso de mi largo caminar por la senda del autoconocimiento. Tal vez mis palabras lleguen a los que, como yo, tratan de descubrir las razones ocultas de su comportamiento. Conociéndolas, podrán comprenderse mejor y cambiar lo que no les deja disfrutar de la vida.

Durante los años en que me sentía rara y sola, me formulaba preguntas que era incapaz de responder. Pero somos muchos los que compartimos el deseo por conocer las respuestas a lo que no comprendemos y nos hace infelices.

Las preguntas más comunes que solemos hacernos se basan en problemas que afectan la convivencia y las aspiraciones personales:

¿Por qué me cuesta tanto tener paz?

¿Por qué no me siento capaz de triunfar?

¿Por qué contesto de esa forma tan brusca?

¿Por qué me resisto a aceptar los cambios?

¿Por qué en mi vida se repite el mismo tipo de conflicto?

¿Por qué es tan difícil la convivencia?

¿Por qué el éxito es tan importante para mí?

¿Por qué nunca logro tener dinero suficiente?

¿Por qué mis jefes son tan déspotas conmigo?

¿Por qué nadie me entiende?

¿Por qué me pasa esto a mí?

¿Por qué la puntualidad es tan importante para mí y para otros no?

¿Por qué todo he de hacerlo yo solo?

¿Por qué soy tan desconfiado?

¿Por qué no tengo un trabajo que me satisfaga?

¿Por qué no encuentro mi "media naranja"?

¿Por qué no acepto a mi familia?

¿Por qué me manipulan?

¿Por qué mi pareja me agrede?

¿Por qué soy así?

¿Por qué no logro ser feliz?

¿Por qué no puedo disfrutar de la vida?

Si estás leyendo este libro, quizás es porque a veces te has hecho alguna de estas preguntas. Si no son éstas, serán otras parecidas. Son preguntas importantes y vale la pena intentar hallar las respuestas.

Básicamente, nos cuesta tanto responderlas porque no nos conocemos ni nos entendemos a nosotros mismos y porque tampoco conocemos ni entendemos a las personas que forman el entorno que nos afecta.

Si tenemos en cuenta las peculiaridades del nacimiento y la situación ordinal entre los hermanos, nos será más fácil entender nuestro carácter, conocer las causas de nuestras actitudes y comprender el comportamiento de las personas que nos rodean.

No tendremos la misma percepción de lo que significa la aventura de vivir si tuvimos un parto natural o nos tuvieron que sacar con fórceps, si el nacimiento fue por cesárea o se enredó el cordón umbilical al cuello ¿Nacimos niña y los padres deseaban un varón? ¿Hubo un intento de aborto? ¿Cómo afecta ser hijo único? ¿Cómo actúa un hermano mayor? ¿Cuántos hermanos del mismo sexo hay en la casa? ¿Cuál era la situación económica de los padres?

Sigmund Freud dijo: "la posición de un niño entre sus hermanos es muy importante para su vida ulterior".

A continuación, comentaré las experiencias que afectan los comportamientos adultos en la relación con los demás, en la vida en pareja y en la imagen que tenemos de nosotros mismos.

Deseo que juntos podamos recorrer un camino que nos lleve a contestar los porqués que nos hemos formulado y nos ayude a clarificar muchas situaciones confusas de nuestra vida.

Podremos aumentar nuestro grado de felicidad y de satisfacción personal si conocemos las ataduras inconscientes derivadas de nuestro nacimiento y de nuestra infancia, ya que, siendo conscientes de su existencia, nos será más fácil cambiar las que no nos dejan disfrutar de la vida.

LA SOCIALIZACIÓN

"Los niños que no son amados por lo que son,
no sabrán amarse a sí mismos"
Marion Woodman

Nuestra personalidad, o sea, las características que pensamos que nos definen mejor, no son el núcleo inamovible de nuestro ser, sino que son el producto de un cúmulo de reacciones emocionales a lo que nos ocurrió en el lejano pasado de nuestra infancia.

A lo largo de este libro comprobaremos que nuestra forma de relacionarnos en la actualidad con nuestros compañeros de estudio o de trabajo, con los profesores o los jefes, con nuestra pareja o con nuestros hijos, son réplicas fidedignas de cómo en nuestra infancia, nos relacionamos con nuestros padres, nuestros hermanos u otras personas significativas del ámbito familiar.

La socialización es una de las primeras lecciones que aprendimos cuando éramos bebés. Primero, respondiendo a la forma en que nuestros padres nos cuidaron y nos mostraron su afecto o su rechazo. Y luego, reaccionando al comportamiento de los demás componentes del ámbito más cercano.

La sala de partos y el hogar familiar fueron las "primeras escuelas" donde aprendimos a relacionamos con el mundo. Allí fue donde aparecieron los primeros pensamientos, sentimientos y reacciones.

Se atribuye a los jesuitas la frase "dadme un niño durante los primeros siete años de su vida y después ya podéis hacer con él lo que queráis".

En esos primeros años aprendemos las costumbres, las formas de amar, las prioridades vitales, la importancia de la salud, la cultura, el dinero o el trabajo. Aprendemos también la manera de relacionarnos con las personas según sea su edad, su sexo, su posición, su autoridad o su falta de límites.

Alfred Adler, el eminente psicólogo dijo: "la gente no cambia su actitud hacia la vida después de su infancia, aunque su forma de expresarla sea diferente".

A todas las experiencias que vamos viviendo de niños, les damos respuestas y si lo que sucede nos incordia, nos agravia o nos hiere y no comprenden nuestro dolor, reaccionamos tratando de esconderlo por miedo al castigo o al abandono. En nuestra mente infantil, vamos acumulando pensamientos y reacciones distorsionadas, creando un pozo lleno de sentimientos, que es el que se encarga el resto de nuestra vida de llevar el timón de nuestro destino por encima del libre albedrío.

Pasamos una grandísima parte de nuestro tiempo actuando y reaccionando a lo que nos ocurrió en el pasado y, para colmo de los despropósitos, ni siquiera somos conscientes de ello. Vivimos como autómatas, sumergidos en una vorágine que nos ha atrapado. Ha tenido que ser así, ha sido necesario para nuestra evolución, pero ya es hora de poner luz a esas tempranas etapas de nuestra vida. Podemos reconocerlas, aceptarlas y sanarlas para no tener que reaccionar a ellas ni desperdiciar energía para escondernos de su poder. Así seremos más libres para gozar una vida satisfactoria que potencie nuestras cualidades.

En el libro "La biología de las creencias: cómo la percepción controla la biología" de Bruce Lipton, podemos leer: "El avance de la investigación genética está rompiendo mitos y creencias acerca del determinismo genético, lo que está rompiendo la idea tan arraigada de pensar que estamos predeterminados por nuestros genes. La Biotecnología está llegando a conclusiones radicales en este aspecto.

Los biólogos reconocen que nuestro entorno y, sobretodo, la percepción que tenemos del mismo controlan de manera directa la actividad de nuestros genes. La conclusión es clara: la evolución ambiental interfiere en la regulación genética y guía la evolución del organismo. La física cuántica dice que la comunicación molecular es la clave para entender la conexión existente entre nuestro cuerpo y nuestra mente. Nuestros pensamientos y creencias crean las condiciones para que nuestro cuerpo pueda interactuar en el mundo externo (...) Nuestra percepción del ambiente modifica nuestra estructura proteica, nuestra biología. La vida es el resultado de los movimientos proteicos, que se traducen en comportamientos. Si nuestras percepciones son precisas, el comportamiento resultante será el de una mejoría de vida. Si las percepciones son erróneas, nuestro comportamiento será inapropiado y perjudicará nuestra vitalidad y salud".

Los científicos y los biólogos nos confirman que nuestra percepción de lo que nos ha ocurrido es la que guía nuestra evolución.

Para conocer mejor cómo hemos evolucionado y porqué, os propongo hacer un análisis de lo que pudo representar el embarazo de nuestra madre, el tipo de nacimiento que tuvimos, cómo nos alimentaron, cómo vivimos nuestra niñez y qué lugar ocupamos entre los hermanos.

Las ideas fuertemente inculcadas por la familia, la religión o la política, en las primeras etapas de nuestra vida, obstruyen también nuestro propio canal de conocimiento. Podemos revisarlas o cuestionarlas desde el punto de vista del adulto que ahora somos, pues lo que condiciona lo que nos está sucediendo en el presente son las primeras conclusiones que sacamos acerca de la vida y que dan forma a ese conglomerado de ideas fundamentales sobre las que apoyamos nuestras más íntimas convicciones (este es el tema de mi libro "Buscando respuestas").

Deseo que todos podamos encontrar las claves que nos permitan entender y responder los porqués que nos hemos formulado en el capítulo anterior y, a la vez, podamos conectar con la sinceridad y la confianza necesarias para sacudir la inercia de los guiones creados, esos que nos llevan a sentir una tristeza y un dolor que no merecemos. Ser conscientes de su existencia es un paso importante para llegar a sentirnos felices y libres de su poder limitante.

EL EMBARAZO

Yo creo que "una chispa" individualizada de intangible sabiduría y de poderosa energía vital surge en otra dimensión del seno de la Infinita Inteligencia y desacelera su vibración para entrar en la materia. Eso ocurre cuando se produce la unión de un óvulo y un espermatozoide que van a desarrollar un proyecto de vida humana con un propósito de evolución.

El cuerpo es la materialización de esa chispa divina necesaria para entrar a formar parte del género humano que habita la Tierra.

El Creador "inspiró el barro" para crearnos, nos dio el Espíritu, o sea, un inteligente caudal de energía vital, una sustancia sutil que los chinos llaman Chi, los japoneses Ki y los hindús Prana, que posibilita a un diminuto y ya inteligente embrión de células multiplicarse rápidamente, dentro de una bolsa en el vientre de la madre.

De momento, el inicial proyecto de ser humano crece sólo y completamente separado de la influencia materna, pues no se nutre de ella durante los tres primeros meses cuando su crecimiento casi microscópico es espectacular. Luego, van apareciendo el cerebro y la boca. Y, después de las doce semanas, empieza a interaccionar con su madre. En este momento, ya existen los brazos, las piernas, los huesos, los músculos, los órganos internos y un corazón que late.

A partir de entonces, el nuevo ser que va desarrollándose en el útero empieza a sentir las influencias del mundo en el que se ha encarnado. Mientras habita en el entorno acuoso y confortable del vientre de su madre, va haciéndose consciente de la vida de ella. Percibe el ritmo de su respiración, los cambios de tono de su voz, la cadencia de sus movimientos, el sonido de los latidos de su corazón, las contracciones de sus músculos y los espasmos de los intestinos en los procesos de la digestión.

Él se siente uno con su entorno inmediato y es sensible a las emociones que impregnan estos actos reflejos. Si su madre se asusta, percibe su respiración agitada; si se ve afectada por situaciones estresantes, se da cuenta de que sus latidos cambian de ritmo, siente que su digestión se trastorna por los acontecimientos externos.

El feto es el receptor del efecto que las circunstancias de la vida ejercen sobre el estado anímico de su madre. Por eso, las emociones que experimenta son muy diferentes si su madre es feliz y lleva bien el embarazo, o está preocupada o enfadada, si su madre vive en un entorno estable, o está inmersa en conflictos, si él es un niño deseado o su llegada produjo disgustos, si se le espera con ilusión o se le quiso abortar. Todo repercute significativamente en él, ya que el nexo que los une es el más fuerte que el género humano puede experimentar, pues vive dentro de ella y de ella se nutre, formando parte de su propio cuerpo: por eso experimenta claramente el reflejo de sus emociones.

Si la madre toma sustancias nocivas como alcohol o tabaco, él lo nota y se siente perturbado, pero normalmente disfruta del ritmo vital de su madre con sosiego y confort. Cuando ella está tranquila, él se siente tranquilo y, cuando ella acaricia su vientre, él le responde con movimientos rápidos.

Las huellas de lo percibido en esta etapa intrauterina forman parte del primer sustrato del pozo del subconsciente en el que se ocultan ya las improntas de su concepción y la herencia genética, así como los karmas no resueltos en anteriores encarnaciones.

Los meses pasados en el vientre de la madre (si no le intentó abortar) son sentidos generalmente como una estancia en el paraíso, que es la reminiscencia del reino completo del Ser, cuya añoranza pervive siempre en nuestro interior.

En ese dulce encierro, la vida transcurre como está previsto que ocurra: las necesidades están cubiertas para que él pueda desarrollarse y crecer; todo está programado para que siga su curso sin lucha.

La respiración y la alimentación se efectúan sin esfuerzo a través del cordón umbilical, el líquido que le rodea le permite flotar y moverse con facilidad; la luz que llega del exterior es suave, ya que le llega tamizada por la piel, el líquido amniótico y la placenta. Los sonidos le llegan también muy matizados.

Sereno y protegido, descansa, crece, se mueve, se desarrolla, aviva sus percepciones y experimenta sutilmente respuestas emocionales.

En algunos momentos especiales en nuestra vida de adultos, rememoramos inconscientemente con gran agrado la plenitud sentida en el útero materno. Por ejemplo: cuando, muy relajados, nos quedamos semidespiertos en la cama bien arropados bajo un mullido edredón, o permanecemos sumergidos en la bañera con agua caliente, espuma y aromas. No lo relacionamos con "el dulce encierro" pero es grande el placer que sentimos cuando jugamos lentamente flotando en un tibio mar calmado, o vamos en una barca que se mece en un suave y rítmico oleaje. Nos sentimos muy a gusto y con mucha paz cuando escuchamos música estereofónica en la intimidad de un pequeño salón, o en la oscuridad de la sala de cine donde se proyecta una película amable. Gozamos también de gran placidez cuando conducimos a una velocidad constante, en un coche bien insonorizado, escuchando música suave, o sesteamos en una hamaca que se balancea bajo un sol filtrado por un protector cañizo. En estas situaciones, gozamos porque recuperamos la sensación de pertenencia completa, de suavidad, de confort, de no lucha y de abandono al rítmico fluir de la vida que nos lleva a sentirnos ajenos al ajetreo que nos rodea.

Si sabemos que mandamos nosotros en nuestras acciones y somos conscientes que podemos dejar de ser los rehenes de nuestras emociones remotas, podemos decidir. Tenemos libertad para permanecer más o menos rato en la bañera, remolonear en la cama o levantarnos con presteza. La diferencia estriba en tener conciencia de lo que nos ocurre y de lo que significan para nosotros estas situaciones. Podemos gozar siendo conscientes que tenemos el poder de manejarnos con libertad en las decisiones que debemos tomar, por ejemplo: no llegar tarde a una cita o al trabajo por remolonear en la cama.

En las relaciones, hay quien busca que su pareja le retorne al bienestar lejano e íntimo que le transporta a esa protectora y calmada pertenencia. Piensa egoístamente que el amor es precisamente vivir ese sentimiento de plenitud y unión que solamente se da en el vientre de la madre. Inevitablemente la relación idílica materno-filial desemboca siempre en la separación sin retorno del nacimiento.

Cuando uno o los dos componentes de la pareja creen que necesitan desesperadamente al otro para sobrevivir, o piensan que no es posible seguir viviendo si el otro se aleja, se crean las nefastas "relaciones uterinas" que no sólo distorsionan la plenitud y la unión, sino que pueden crear unas dependencias, fantasías y celos que sólo aumentan una frustración que se auto-alimenta y que desemboca general y desgraciadamente en fuertes discusiones, peleas y malos tratos.

EL NACIMIENTO

Como futuros bebés, en el transcurso del 8º y 9º mes de gestación, empezamos a sentir una gran presión por la falta de espacio. Hemos crecido a un ritmo vertiginoso y estamos llenando la capacidad de nuestra bolsa protectora: nos acercamos al final de nuestra permanencia en el vientre de nuestra madre.

Cuando sentimos que ha llegado "la hora", el momento adecuado, vamos situándonos en posición de salida para iniciar la crucial etapa del nacimiento, que es el cruce definitivo de la frontera vital. Después de estar nueve meses en la bolsa protectora y nutriente en la que flotábamos, vamos a pasar inevitablemente la experiencia de sentirnos seres autónomos, que deben abrir sus pulmones para respirar solos y permitir que el instinto de supervivencia ponga en marcha nuestra capacidad de asimilación del nuevo alimento. La forma de realizar todo este proceso, va a dejar en nuestro inconsciente una huella imborrable y su efecto será muy duradero, pues repercutirá siempre en la manera de enfrentar los vaivenes cotidianos, en la forma de relacionarnos y en el tipo de decisiones que tomaremos a lo largo de nuestra vida adulta.

Como el nacimiento está relacionado con el sexo, por su indiscutible participación, influirá también en nuestra posterior forma de sentir la sexualidad. Cuanto más placer hayamos sentido en ese momento, más normales y satisfactorias serán nuestras posteriores actitudes hacia el sexo.

En general, experimentamos momentos de gran placer al atravesar el canal de nacimiento. Es el primer contacto físico que recibimos en el cuerpo a través de un intenso frotamiento para ser empujados hacia fuera. Esto estimula la zona de la cabeza, el cuello y los hombros, afectando positivamente a nuestra madurez sensorial. Las contracciones nos producen dolor, pero el estímulo físico que provocan es percibido también como fuente de placer. Esas huellas dolorosas y placenteras acompañarán nuestras posteriores inclinaciones sexuales.

Todo nacimiento comporta lucha, dolor, separación, pérdida y cambio. Por eso, en la vida, la idea de cambio, de cualquier cambio importante, va unida a la idea de pérdida y de dolor. Estas profundas y traumáticas impresiones se hallan sepultadas en el inconsciente y están acorazadas tras una gran resistencia.

Cuanto más intenso fue el dolor que sentimos, más nos resistiremos a cambiar, como si fuéramos a dejar algo bueno por algo malo, a pesar de que lo nuevo probablemente no sea malo, sino desconocido o diferente. No hay motivos reales para temer los cambios ni frenarlos: pueden ser beneficiosos tanto para nosotros como individuos, como para la sociedad en su conjunto.

Cuando vivimos nuestra primera experiencia vital, sentimos un intenso dolor que relacionamos con el cambio. Por lo tanto, cambiar nos cuesta. Cuanto más profundo es el cambio que necesitamos hacer, más rechazo y negación nos puede producir. Por eso, a menudo quedamos estancados en unas situaciones obsoletas y, aunque interiormente sepamos que debemos cambiar, el recuerdo atávico del dolor del cambio nos impide hacerlo. Ese miedo al dolor nos ralentiza y puede llegar a paralizarnos en otro tipo de sufrimiento peor.

Inevitablemente, las nuevas experiencias siempre son la consecuencia de un cambio, pero también asociamos el cambio con la pérdida, ya que perdimos bienestar, sosiego y pertenencia. Si nos aferramos a lo conocido por temor a no sentirnos seguros en lo nuevo, nos será muy difícil hacer nuevas amistades, encontrar nuevos trabajos, buscar una nueva casa o una nueva pareja. Pero la vida en sí es expansión, movimiento, crecimiento y cambio. Ni la naturaleza ni los seres vivos pueden permanecer estáticos: siempre están cambiando de un estado al siguiente.

Lo único seguro es que todo cambia y lo nuevo no tiene por qué ser peor; será solo diferente y probablemente mejor. El piñón crece hasta ser un alto pino, un bulbo se desarrolla y produce flores, una semilla germina y se convierte en planta. El cambio en la vida es una constante, que es útil aceptar con mentalidad abierta.

Si aceptas mal los cambios, es que en tu interior existe una fuerte raíz de dolor que será necesario que reconozcas y sanes. Resistirse al cambio produce confusión. Vamos a tratar de encontrar esa antigua raíz y llevarla a la luz de la conciencia para poder fluir con el cambio y aceptarlo. Quizás no siempre resulte cómodo, pero tenemos que mostrarnos dispuestos a aceptar alguna incomodidad para poder realmente transformarnos.

Las formas limitantes de actuar no forman parte del núcleo esencial de nuestro ser, sino que son decisiones tomadas para intentar protegernos del dolor grabado en lo más profundo. Comprenderlo puede ayudarnos a conocer el patrón de miedo bajo el que actuamos.

En la experiencia de nacer todos experimentamos con mayor o menor fuerza negativa nuestro "trauma del nacimiento" y éste suele aparecer cuando debemos mostrarnos ante un público, cuando llegamos a un lugar nuevo o nos han de presentar a gente desconocida. Sentimos inconscientemente que vamos a enfrentarnos otra vez al mundo. Aparecen los sentimientos de inseguridad y temor. En el fondo de esa inseguridad, se encuentra agazapado el miedo. Pero aún más escondido, podemos descubrir el miedo al miedo. El miedo a revivir aquel dolor inicial y aquella pérdida de unidad, de tranquilidad y de paz.

La profundidad de aquel trauma lejano se refleja en la intensidad del miedo al rechazo y a la soledad. Tememos lo desconocido, que no sabemos cómo es. Pero aún tememos más y rechazamos con más fuerza lo que ya conocemos, lo que ya hemos experimentado y nos ha dejado grabada a fuego su huella de dolor.

Todos tenemos nuestro propio y particular "trauma del nacimiento" basado en nuestra experiencia y en las conclusiones que adoptamos al respecto en ese importante momento de nuestra vida.

Éramos vulnerables e intuitivos y, mientras luchábamos por salir elaboramos pensamientos, sentimos emociones y extrajimos conclusiones. A ese conjunto de sensaciones físicas y emocionales le llamamos "trauma de nacimiento". Cada forma de nacer, cada peculiaridad sentida, deja su huella en el cuerpo emocional del bebé, que elabora sus propias elucubraciones mentales teniendo por única referencia los pensamientos creados mientras recorría el último tramo de su vida uterina y se abría a recibir su primer aliento.

Los pensamientos que son la base del posterior guión vital los entrecomillaré en los capítulos siguientes para que podamos identificarlos mejor, pues dan forma al punto de referencia que tendremos para actuar en la vida.

Si podemos conocer el tipo de nacimiento que tuvimos y también el que tuvieron nuestras parejas y las personas que están a nuestro alrededor, podremos comprender mejor nuestras diversas formas de pensar y de comportarnos. Todos vamos por la vida actuando desde nuestro guión de comportamiento, desde nuestro personal punto de referencia. Y encontramos así lógica, natural y verdadera nuestra forma de pensar y de sentir, aunque los demás no la compartan o incluso la contradigan.

Si conocemos los guiones natales de las personas con las que nos relacionamos, nos será más fácil comprender sus comportamientos, reacciones y sentimientos que pueden ser muy diferentes de los nuestros, aunque los produzcan los mismos estímulos.

Normalmente, no podemos recordar nuestro nacimiento, pero esta ausencia de recuerdos conscientes no significa que no existan: existen y su efecto es muy duradero y profundo.

Conozco una técnica muy interesante que estudié, experimenté y practiqué. Se llama "Rebirthing" y fue creada por el americano Leonard Orr. Mediante una profunda relajación y a través de numerosas y largas sesiones de ejercicios respiratorios (algunas de ellas sumergidas alternativamente en bañeras con agua caliente o fría), podemos llegar a recordar y volver a experimentar lo que física y psíquicamente sentimos al entrar en el mundo.

Todos los seres humanos compartimos los sentimientos frustrantes de la separación y de la perdida de la plenitud. Los experimentamos por dos veces: primero, al individualizarnos para entrar en la materia, y luego, al dejar el vientre de nuestra madre. El recuerdo de esas separaciones nos lleva a sentir un profundo desamparo cuando nos sentimos incomprendidos y solos.

Inconscientemente, todos nos afanamos, buscando con gritos callados, seguridad, paz, unión, bienestar, comprensión y amor. Lamentablemente estamos atrapados en una armadura de confusión y olvido que no nos deja encontrarlos.

Reconocer nuestros anhelos y nuestros traumas infantiles no es signo de debilidad, sino de fortaleza y sinceridad. Negar lo que está arraigado en la profundidad de nuestro corazón es un acto de control que no puede hacer desaparecer la vulnerabilidad que sentimos y nos crea una impotencia reprimida que mantiene una lucha destinada al fracaso, produciéndonos estrés o depresión.

En los capítulos siguientes, veremos los tipos más comunes de nacimiento y algunas de las consecuencias que de ellos pueden derivarse. Pormenorizaré los patrones que se crean, para que nos sea más fácil a cada uno reconocer el nuestro.

En capítulos posteriores trataremos de encontrar la forma de neutralizarlos y sanarlos para liberar la gran energía que utilizamos al escondernos de ellos. Tratar de "darles la espalda" es una tarea totalmente infructuosa que, sin embargo, nos domina y nos impide disfrutar de la vida.

Siendo sinceros y conociéndonos mejor podremos vivir más armoniosamente, más pacíficamente y dejar de crearnos una inútil infelicidad.

TIPOS DE NACIMIENTO

Se suelen clasificar los partos o los nacimientos por la forma en que transcurren: Naturales: generalmente largos y dolorosos. Con anestesia: por lo tanto, indoloros y poco conscientes. Clínicos: muy asépticos y demasiado impersonales. Cesáreas: privan al niño de los frotamientos en el canal y del impulso de salida. Inducidos. Con cordón al cuello. De nalgas. Prematuros. Dobles. Adelantados…

Al preguntar: ¿Cómo fue tu nacimiento?, muchas veces obtenemos esta respuesta. "No sé, normal, no creo que fuera complicado. Debió de ser normal". La palabra 'normal' no nos explica nada y puede ser que, indagando, nos llevemos una sorpresa por lo que se ocultaba tras lo que en un principio se consideró normal.

Nacimientos naturales

Antes, tradicionalmente, cuando una mujer gestante se ponía de parto, se avisaba a los familiares cercanos, que acudían a la casa. Pero sólo las mujeres entraban en la habitación donde la parturienta gemía su dolor.

En general, eran partos largos y dolorosos, y estaban dirigidos por una mujer del entorno con experiencia en tales eventos.

La tasa de natalidad era muy alta, pero el número de fallecimientos de madres o recién nacidos también lo era. No existían los medios necesarios para solucionar los imprevistos que se convertían, a veces, en experiencias irresolubles y mortales.

Con el auge de los avances en medicina, los partos cambiaron y la mortalidad ha llegado a desaparecer en los países desarrollados. A cambio, se ha pagado un alto precio, ya que la atención hospitalaria tiende a ser bastante impersonal y fría. Nacer es un acto natural que se fue transformando en un acto quirúrgico.

Después de muchos años de partos clínicos, en la actualidad vuelven a practicarse nacimientos naturales, pero ahora ya seguros y con medios. Por suerte, hay clínicas especializadas donde, cerca de la estancia donde se desarrolla el parto, se dispone de quirófano y personal cualificado para afrontar dificultades imprevistas y se tiene así la seguridad que proporciona contar con estos servicios en casos de emergencia. Por lo tanto, los partos pueden desarrollarse seguros, en un entorno entrañable e íntimo, que ofrece una gran comprensión hacia el estado emocional de la futura madre.

Actualmente, ella suele llegar bien preparada, ya que durante el embarazo puede asistir a cursos que le enseñan a afrontar mejor el dolor, mediante ejercicios de respiración y relajación. A veces asiste a los cursos acompañada por su pareja, que puede estar presente en el parto y aportar con su contacto, cariño y ánimo, una ayuda inestimable a su mujer. Con ella puede compartir el asombro y la maravilla de la llegada al mundo de un nuevo ser. En este caso, se crea entre los tres un lazo de complicidad muy profundo.

Si el parto va transcurriendo con normalidad, ella irá sintiendo los fuertes dolores que produce el descenso del niño por el canal de nacimiento, pues con su cabecita irá forzando, centímetro a centímetro, la apertura de su pelvis. El frotamiento entre sus cuerpos es intensísimo y la fuerza de sus impulsos casi insoportable. El tiempo que transcurre en esta épica lucha para salir al mundo es de varias horas y, aunque sean muchas o pocas, siempre son muy largas.

Así, entre un gran esfuerzo y un gran dolor, se desarrolla el último tramo del camino del bebé a la vida. Al acabar de salir, por fin libre, unas manos atentas, que pueden ser las de su padre, lo acompañan hacia el tórax de su madre, por donde repta hasta que ella lo coge por primera vez. El recién nacido continúa sintiendo su olor, su voz y su proximidad.

Lo que fue su mundo permanece, aunque se siente rodeado por un nuevo medio que ya no es acuoso. Aún respira por el cordón que le une a ella, hasta que abre la boca y la primera bocanada de aire entra en su garganta, estrena sus pulmones y respira por sí mismo, quizás, con un llanto. En este momento se puede cortar el cordón, que ahora ya ha finalizado su función nutridora. Piel con piel, sigue sintiendo los latidos y el contacto de su madre, recibiendo las primeras caricias de su padre y los primeros besos de los dos, escucha la familiaridad de sus voces y se da cuenta de que es amorosamente recibido.

Acaba de pasar una experiencia difícil, traumática quizás. Pero ahora se siente seguro porque está tranquilo, el entorno que le cobija tiene una luz suave que no daña sus ojos, ya no hay gritos y percibe amor y alegría. Al rato, se le puede bañar en agua tibia, arroparlo con cariño y ponerlo a dormir junto a la que constituye su único mundo: su mamá. En estos momentos, se establece un gran vínculo emocional entre ellos y la calidad de ese encuentro influirá decisivamente y para siempre en la salud física y emocional del ahora bebé; luego, niño, y más tarde, adulto.

En este tipo de nacimiento, la unión, el cariño y el respeto hacia el nuevo ser han sido muy beneficiosos para su posterior desarrollo; no existe el maltrato que supone una separación brusca de la madre o el intervencionismo externo en su ritmo natural de salida.

El niño que ha tenido este tipo de entrada al mundo se convertirá en un ser afable y vitalista. Pero, como todos, experimenta las huellas de su "trauma natal". De su experiencia, pudo sacar conclusiones. Por ejemplo: "Cambiar es difícil", "no puedo soportar tanto esfuerzo", "la lucha me agota".

Si el parto fue muy lento, sintió las largas horas de dolor de su madre y pudo sentirse culpable y elaborar la creencia "hago daño a quien quiero", o "para vivir, tengo que separarme y eso produce dolor".

Si era un bebé muy grande y era su propio volumen el que ralentizaba el proceso y aumentaba el dolor, pudo deducir que "no tengo espacio", "tengo miedo de no poder salir".

Algunas de esas conclusiones podrán crear guiones que dificulten sus relaciones de pareja, pues no soportarán sentirse presionados. Pero, en cualquier caso, su base es muy buena para crear una personalidad equilibrada, sensata, cordial y estable.

Suelen ser niños muy tranquilos, tienen mucha seguridad en sí mismos, con unos ritmos de alimentación y descanso muy regulares, captan lo nuevo con facilidad y de mayores seguramente serán ecuánimes, simpáticos, alegres, fuertes, independientes, enérgicos y vitalistas.

Harán la vida agradable a los que le rodeen y serán, naturalmente, capaces de dar y recibir mucho amor.

Nacimientos Normales

Si tu nacimiento ha sido realmente lo que se puede llamar normal en el pleno sentido de la palabra, se entiende que esta normalidad indica que fue un parto natural, como el anterior, pero relativamente rápido y fácil, sin mucho dolor, en un entorno acogedor, con personas amorosas y un trato cariñoso.

No ha ocurrido nada especial, nada digno de mención: todo ha ido rápido y bien. Este puede ser precisamente el problema que te lleve a tener pensamientos como: "Yo no soy nada especial", "a mí nunca me ocurre nada interesante", "mi vida es pura rutina", "soy un aburrido".

Si en la familia hubo otros partos y éstos fueron complicados, suele aparecer el agravio comparativo al no ser digno de mención especial por haber nacido muy fácilmente, frente al repetido parto con problemas de tal o cual pariente.

Hay quien puede sentirse culpable por no haber tenido problemas: "No soy más que un hombre corriente".

Así pues, alguien que tuvo un nacimiento "normal", puede sentir que los compañeros no cuentan con él para solucionar los problemas o que en la familia y el entorno despierta poco interés lo que a él le pase.

Su vida discurre plácida y no tiene demasiada importancia "Me va bien, como a todos…" Asumen que cualquiera piensa como ellos, que en sus relaciones les ocurre lo que ocurre a todos. Se sorprenden cuando comprueban que la gente no es como ellos y no entienden que existan vidas muy complicadas.

Aunque, si se repasa bien su historia, se pueden encontrar hechos memorables. Quizás fueron muy buenos estudiantes capaces de sacar unas oposiciones difíciles. Tal vez actuaron con valentía cuando se produjo un accidente o atajaron con ecuanimidad unas encarnizadas disputas. Pero su patrón de "normalidad" es tan profundo que les cuesta reconocer su propia valía y que los demás les reconozcan su indudable singularidad.

Pueden vivir oprimidos por su idea limitante "a mí no me ocurre nada interesante". Pero, por el contrario, esa normalidad que sienten como poco especial es en realidad un tesoro, un magnífico pasaporte para que puedan convertirse en unas personas abiertas, equilibradas, simpáticas, tolerantes y comprensivas.

No tienen por qué tener problemas con su familia, pueden sentirse queridos y respetados.

Tienen un talante tranquilo ante los problemas o los conflictos y pueden encontrarse a gusto en sus relaciones íntimas. Son capaces de cuidar de sí mismos y de vivir con bastante paz.

Poseen grandes capacidades para encontrar el equilibrio en su vida, algo inalcanzable para multitud de personas.

Tienen cualidades que les harán muy especiales si son capaces de valorarse a sí mismos y si cambian el enfoque que tienen de su vida.

Pueden dejar de tener miedo a ser diferentes; no es peligroso ser diferente, pueden ser "normales", reconociéndose el mérito por los logros que seguro han alcanzado.

Si tu nacimiento fue normal, tu vida no es tan vulgar como tu patrón de naturalidad te hace creer.

Deja que tu verdadera personalidad se exprese, muestra al mundo tu serenidad; puedes reconocer tu diferencia sabiendo que es un don, no una limitación.

Puedes disfrutar de los talentos que posees desde tu discreción, no desde una pretendida vulgaridad que no existe si tú no la alimentas.

Nacimientos inducidos

Un niño nace cuando es su hora de nacer. Él se prepara y libera sus propias hormonas cuando se ha cumplido naturalmente su tiempo de permanencia en el útero. Además de nacer en el entorno impersonal de las clínicas, los nacimientos inducidos se practican por voluntad de alguien que no es él. Otro decide que ya es el momento, ¿Quién?, ¿Por qué razones no se respeta su ritmo natural de salida?

A veces, existen razones médicas para efectuar una inducción. Pero, en otras, las razones son hasta ridículas vistas objetivamente. Por ejemplo, porque llega el fin de semana, porque el niño sería muy grande, para que nazca el mismo día de tal festividad… Razones poco ortodoxas que quiebran el desarrollo de un acto natural.

Si se decide inducirle, empieza un goteo intravenoso y él tiene que nacer porque otros lo quieren.

Así empieza su vida y así suele continuar necesitando que le induzcan a aprender cosas nuevas y a enfrentarse a situaciones cambiantes.

Generalmente, su pareja será la que tendrá que empujarle para que se responsabilice de una relación, si no él no va a tener la seguridad para iniciarla y le costará llegar a declarar que desea tener una relación estable.

Puede sentir resentimiento por no haber podido decidir el momento de su entrada en la vida y puede desquitarse mostrando rechazo a las decisiones de las personas cercanas, sobre todo, si son sus superiores.

Pueden decir con frecuencia "ven, si quieres, pero yo no te garantizo nada", "yo haré según me parezca". Muchas veces acabarán diciendo "no", pues los inducidos tienen la necesidad física de decir no.

La frustración natal y el resentimiento hacia el tocólogo se le despiertan cuando los padres, los profesores, o los jefes le apremian, le meten prisa o le atemorizan con frases como "has de hacerlo ahora si no....", "¡venga rápido, rápido!". Actitudes y frases que fuerzan su ritmo y les contrarían, les enfurecen y pueden hacerles ser negativos y vengativos.

Los inducidos a nacer precisan que se les trate con mucha paciencia y "mano izquierda". Quieren que los otros decidan, casi les fuerzan a ello. Pero luego piensan: "No es eso lo que yo quiero". Y su actitud se puede volver resentida.

Tienen que hacer un gran esfuerzo para comenzar algo. Por ejemplo, les cuesta mucho salir de la cama y necesitan que el despertador suene varias veces.

Les gusta que les cuiden y les atiendan, pero sin que se sobrepasen, para que no se despierte en ellos su sentimiento de inutilidad, siempre soterrado.

Sería conveniente que sus familiares y sus jefes conocieran este patrón que tanto afecta a sus relaciones y a su trabajo, pues necesitan una gran dosis de comprensión, empezando por comprenderse ellos mismos y entender de dónde proviene la furia y el ansia de revancha, que tantos conflictos y aislamiento les pueden producir.

Si potencian sus virtudes y su creatividad, son grandes trabajadores que quieren demostrarse que son capaces de cumplir sus objetivos y, a la vez, demostrar a los demás que pueden conseguirlos.

Su deseo de revancha les lleva, a veces, a ser grandes emprendedores, grandes controladores de los mercados y los capitales y pueden llegar a tener mucho éxito y dinero. Eso les satisface enormemente; no tanto por tenerlo, sino porque pueden desquitarse de los que les querían manipular. Su éxito les ayuda a confirmar su auténtica valía.

Nacimientos en clínicas

Cuando la ciencia médica fue avanzando en sus descubrimientos y anestesiar y operar se fueron convirtiendo en prácticas habituales y poco peligrosas, el estamento médico decidió entrar con sus adelantos en el mundo, hasta entonces casi exclusivamente femenino, de los partos en familia.

Hay que reconocer que la alta tasa de mortalidad de las parteras ha desaparecido por completo en los países occidentales: poquísimos niños mueren ya por las dificultades del parto. Las cesáreas y las incubadoras, permiten la supervivencia de niños con escasos meses de gestación o con graves complicaciones. Pero el precio psicológico y emocional que se paga es alto y, si no hay peligro inminente, debe tenerse en cuenta estos otros problemas para no elegir a la ligera un tipo de nacimiento, pensando en la comodidad de la madre, la conveniencia del médico o la rapidez del desarrollo.

A partir del año 1966, en España, el no va más de los partos, lo más moderno y lo más caro, pues solo se realizaba en clínicas privadas, era anestesiar totalmente a la futura madre para que no sufriera. Esta práctica se fue generalizando en los años posteriores.

Cuando aparecían los primeros dolores fuertes y continuos, la llevaban al quirófano, donde se encontraban, además de la comadrona, el tocólogo, la enfermera, el anestesista y un ayudante. Parecía que estaban más preparados para salvar vidas que para traer niños sanos al mundo. Allí, los protagonistas no eran la madre y el niño; era el doctor, que se aseguraba con todos los medios que todo fuera rápido y bien.

La madre tenía poca importancia: le ponían la inyección y la hacían contar: uno, dos, tres, cuatro... La madre ya no estaba consciente, no sentía, no empujaba, no veía, no notaba nada, no sabía cómo estaba naciendo su hijo. El padre permanecía fuera, en una sala contigua y por un cristal veía un plano general de lo que ocurría.

Si el parto iba transcurriendo normalmente, el anestesista iba controlando la dosis justa y para evitar la dificultad de las dilataciones finales, el ginecólogo hacía un corte que luego suturaba con tres o cuatro puntos y así en el mínimo tiempo y con las mínimas dificultades el bebé iba haciendo su recorrido. Se creía que los recién nacidos no sentían ni percibían nada: no se les consideraba todavía seres humanos conscientes.

Pero él sí que es un ser consciente. En el tramo final de su íntimo encierro, siente que está en un lugar fuertemente iluminado, le llegan ruidos metálicos y voces desconocidas. De repente, algo extraño ocurre, pues le llega una droga desconocida que lo perturba. Con su cabecita, va forzando la apertura de la pelvis, pero su madre, con la conciencia aletargada, no siente sus esfuerzos.

El equipo médico le induce a nacer y, tal vez, le presionan su cabeza con la ayuda de los fórceps y rápidamente su cuerpo pasa del medio líquido al gaseoso.

En su llegada al mundo, es recibido por unas manos eficientes y extrañas, protegidas por unos guantes de látex que le hacen sentir un primer contacto desagradable en su piel. Un fortísimo resplandor se cuela bajo sus párpados y con presteza le cortan el cordón umbilical. Sin abrir aún sus pulmones, le cogen por los pies, lo sostienen boca abajo, casi congestionado y sin aire, le dan unos azotes en las nalgas para que el aire abra sus pulmones. Él arranca a llorar con un sentimiento de dolor y de pánico al sentirse golpeado y colgado en el vacío, lo que le obliga a enderezar bruscamente su espalda después de tenerla tantos meses encorvada.

Es completamente innecesario hacer sufrir de ese modo al bebé en ese momento tan especial. Ponerlo boca abajo y azotarlo le provoca un intenso trauma de miedo y una propensión a sufrir posteriores dolores de espalda. Con el parto ya terminado, le cogen, le miden, le pesan, le ponen gotas en los ojos y las orejas y lo lavan. Mientras el médico sale a hablar con la familia: Todo ha ido muy bien, ha sido un parto "normal", felicidades, la madre se despertará en unos momentos, la llevaremos a la habitación y luego podrán ver al niño.

Cuando la madre va despertando y, sin abrir aún los ojos, sólo puede preguntar ¿Cómo ha ido? No he sentido nada ¿Está bien?

Mientras la madre y los familiares están en la habitación, en la nursery han vestido al recién nacido, que está solo, metido en su cunita junto a las cunitas de varios bebés más y, horas más tarde, cuando su mamá acabe de despejarse, lo llevarán junto a ella. Esas experiencias vividas se han grabado en el inconsciente y han formado pensamientos que derivarán en patrones que pueden incidir en las situaciones cotidianas: "Si salgo, me harán daño", "Sería mejor si lo hiciera solo", "No puedo fiarme", "Me quieren manipular", "Las mujeres no me ayudan"

El azote que le dan al niño para que respire le crea un dolor y un miedo que se relaciona inmediatamente con el hecho de respirar. Mucha gente tiene por ello la costumbre de respirar con inspiraciones muy cortas o poco profundas en las que cogen poco aire, ventilan deficientemente sus pulmones y fuerzan la exhalación. Esto da lugar a que sus células reciban poco oxígeno, se debiliten antes y queden más expuestas a sufrir enfermedades.

Si algo desencadena el trauma del nacimiento, las personas que nacieron así pueden sufrir ataques de tos o bronquitis y, ante cualquier dolor, se sienten muy perturbadas, recurriendo rápidamente a los analgésicos. Los roces bruscos, abrasivos y fríos en la sala de partos pueden generar en el futuro un rechazo a ser tocado, acariciado o besuqueado.

¿Es una casualidad que haya ahora una generación que, al enfrentarse a situaciones de cambio, sea tan propensa a consumir drogas? Antes de nacer probaron la que anestesió a su madre y luego quizás las tomarán para superar los cambios que se les presenten al entrar en la pubertad, al iniciar los estudios superiores, al empezar las relaciones laborales o al unirse a nuevas amistades.

Al sentirse tan rápidamente separados de la madre, posiblemente se crearon ideas como "estoy solo", "para sobrevivir, tengo que estar separado", "si me ayudan, es peor". Esto puede hacerles sentir una tristeza y una soledad que les lleve a una cierta melancolía y retraimiento, o, por compensación, estarán más en "el hacer" que en "el sentir", intentando esconder los sentimientos de frustración y soledad con una actividad incesante. Por lo tanto, pueden estar siempre liados en proyectos, con el tiempo muy ocupado, con muchas relaciones superfluas, desconfiando de la gente desconocida, recelando de las ayudas de otros y sintiéndose alejados de las emociones, desconectados de los demás, viviendo en la mente más que el corazón.

Este comportamiento puede llevarles a ser unas personas autosuficientes, calculadoras, con éxitos brillantes en sus negocios, o sus carreras, con una vida social muy activa, estarán bien relacionadas y bien consideradas, teniendo un alto rendimiento en su trabajo. Se envuelven con muchas actividades que les aportan éxitos y les ocultan la atávica añoranza que sienten de contacto verdadero, de proximidad, de colaboración desinteresada y de ternura. Desean estas recompensas emocionales aunque tienen mucha dificultad en conseguirlas.

Mis tres hijos tuvieron ese tipo de nacimiento. No sentí nada, no recuerdo nada. Me costó salir de la anestesia y no les pude ver hasta algunas horas después del parto.

Hace años, cuando descubrí la gran influencia que el nacimiento tiene sobre nuestra vida adulta, sentí una enorme frustración por el dolor al que sometí inconscientemente a mis hijos.

Lamentaba haber tenido ese tipo de partos, pero por alguna razón tuvimos que vivirlos así. Esa es una experiencia kármica con la que tenemos que vivir, aceptando que en aquella época y con el nivel de información que poseíamos hicimos lo que creíamos más conveniente y mejor para todos.

Ahora sé que con mi gran deseo de darles cariño luego, trataba inconscientemente de hacerles olvidar mi falta de presencia consciente en uno de los actos más importantes de sus vidas. Pero así sucedió y estoy convencida de que todos debíamos necesitar esa casi inhumana experiencia, pues de otro modo no la hubiéramos tenido.

Mi frustración por haber sido una parturienta inconsciente probablemente ha sido el motor oculto que me ha llevado a interesarme tan profundamente en este tema.

Descubrir sus enormes implicaciones en nuestra vida adulta, ha despertado en mi, un irresistible impulso por compartir mis conocimientos y mi experiencia a través de este libro.

En realidad, siempre atraemos lo que más necesitamos para hacernos conscientes de algo que es necesario para nuestra mejor evolución.

Nacimientos por cesáreas

La fría escenografía que rodea ese nacimiento es la misma que acabamos de explicar en el capítulo anterior. En una clínica o en un hospital, una cesárea es una práctica quirúrgica de poca dificultad que, sin embargo, facilita muchísimo los partos de alto riesgo.

A veces son imprescindibles, pero un alto porcentaje de las que se practican actualmente no es en absoluto necesario. Algunas se llevan a cabo por los numerosos beneficios que obtienen todos los implicados en ellas: se pueden programar; por lo tanto, los ginecólogos suelen disfrutar de más fines de semana libres que antes, los horarios de los partos son menos intempestivos y las madres no sufren dolores.

A principios del siglo XXI, la Unión Europea ha condenado la práctica excesiva de cesáreas en España, dado que la mayor parte eran innecesarias.

La antiestética cicatriz que antes quedaba es ahora fácilmente disimulable y algunos opinan que para el niño es también más cómodo, ya que no tiene el sentimiento de haber provocado dolor a su madre, ni ha sentido la presión y el esfuerzo por abrirse camino para salir.

A pesar de que su nacimiento es más fácil, no es el que la naturaleza planeó que ocurriera. Su camino hacia la vida ha sido interrumpido bruscamente y, al no dejarle continuar con su ritmo natural, no puede recibir el inicial masaje y el fuerte frotamiento del contacto intenso con su madre. Se le ha privado del placer físico y de los beneficios psicológicos y sensoriales que comportan las caricias y los roces que se reciben en el canal del nacimiento.

En su niñez, necesitarán muchos besos, caricias y demostraciones de afecto y, si no quedan satisfechas sus apetencias, pueden convertirse en adultos que demanden un exceso de contacto y de caricias, o para no revivir su frustración, las rechacen fríamente.

En su madurez, pueden seguir experimentando el síndrome de interrupción y convertirse en adultos testarudos y tercos que ansían hacer las cosas a su manera. Quieren comprobar que pueden actuar solos, que son capaces de expresarse de otra forma y quieren hacerlo todo según su criterio.

A veces, su cabezonería queda interrumpida por situaciones imprevisibles que les llevan a la confusión. Suelen ser unos maestros en buscar salidas fáciles a los conflictos y en prever las soluciones adecuadas, pudiendo ser buenos dirigentes y jefes de grupo.

Ansían tener ayuda pero les cuesta confiar en los demás, pues temen ser manipulados y están muy alerta para que el apoyo que reciben sea en verdad un apoyo constructivo que no merme su poder de decisión.

En sus relaciones de pareja o en sus proyectos de futuro, suelen sufrir interrupciones y cambios de rumbo. Buscan consejo para que alguien les diga el camino que han de seguir, pero luego hacen lo que quieren y hasta llegan a hacer lo contrario de lo que se les aconsejó, en un acto de afianzamiento de su propia voluntad.

Su íntimo sentir puede estar dirigido por las siguientes ideas:

"me cuesta encontrar el camino", "sufro interrupciones", "me quieren manipular", "no me dejan hacerlo a mi manera", "merezco más caricias", "es difícil terminar las cosas", "quiero tomarme mi tiempo", "tengo que imponerme"

Prematuros en incubadoras

Las cesáreas permiten el nacimiento de niños prematuros en situación de peligro. Sin embargo, durante sus últimos meses de maduración no podrán experimentar una íntima proximidad con su madre, ya que éstos transcurren dentro de una impersonal incubadora.

Hace muy poco tiempo, algunos médicos especialistas en neonatos, reconocieron el sentimiento de desolación que experimentan estos bebés al sentirse aislados, alejados prematura y repentinamente del mundo de sus íntimas experiencias.

Han comprobado que esos bebés no son tan indefensos ante el medioambiente y, en cambio, son sumamente sensibles a la situación de soledad a la que se les confina. En la incubadora se les ayuda a vivir, pero se les encierra en una descorazonadora soledad y se les atormenta con sondas para comprobar sus constantes vitales. A cambio de esos sufrimientos que les infringen, se les permite seguir con vida.

Algunos ya han reconocido que todos los niños desean imperiosamente sentir el contacto cercano de su madre, por lo que se están replanteando la situación de casi completo aislamiento en la que mantenían a los niños dentro de las incubadoras. Las últimas investigaciones proponen crear un habitáculo relativamente inmune donde pueda permanecer también la madre junto a su hijo.

El estamento médico, por fin, está reconociendo y tratando de minimizar los efectos negativos de sus actuaciones en los partos durante muchos años.

El retraimiento, la búsqueda de paz, la introversión y la timidez pueden ser los rasgos sobresalientes en la personalidad de algunos niños que al nacer se sintieron solos en la incubadora.

Por la falta de frotamiento en sus nacimientos y de contacto materno en su primera etapa de vida, estos niños pueden presentar falta de maduración sensorial y espacial. Existen buenos tratamientos terapéuticos que pueden ayudarles a cubrir esas naturales experiencias que, por su forma de nacer, no han podido experimentar y pueden retrasar sus etapas de aprendizaje.

Nacimientos con fórceps

Los ginecólogos suelen emplear los fórceps para ayudar al niño que se desplaza demasiado lento por el canal de nacimiento, o al que parece que se niega a salir por su difícil orientación.

Esta ayuda consiste en oprimir la cabeza con un artilugio metálico y tirar de ella para que salga, por fin, al exterior. Si el niño está atascado, llegan a retorcerle la cabeza varias veces como si lo destornillaran. A los que les han hecho esto, seguramente no podrán seguir leyendo, pues el recuerdo de ese episodio les despierta un dolor primario tan grande que no lo pueden soportar. Probablemente, serán adultos que evitarán utilizar todo tipo de tenazas, pues éstas podrían avivar el recuerdo de su lejano trauma.

Parece normal que sean propensos a padecer dolor de cabeza o migrañas. Si fue absolutamente necesario recurrir al fórceps para que sobrevivieran, la figura del tocólogo alcanza la dimensión de un salvador. En su vida de adultos, padecen situaciones de estancamiento que les llevan a buscar a alguien que les resuelva "in extremis" sus problemas. Tomar decisiones se convierte en un "dolor de cabeza". Como su madre estaba anestesiada, pueden haber llegado a las siguientes conclusiones: "las mujeres no me ayudan", "tengo que hacerlo yo solo porque, si no, alguien me hará daño", "todos son unos controladores". Pueden volverse bravucones, camorristas o aguerridos jefes de equipos de búsqueda o rescate.

A este grupo de los nacidos con ayuda de fórceps, pueden pertenecer los cabecillas de bandas juveniles que no se fían de la capacidad de los que les rodean. Desean cambiar así su doloroso rol de víctima por el del ginecólogo manipulador que tanto les hizo sufrir aunque les salvó.

Suelen ser adultos intuitivos, creativos e independientes que no se fían de la ayuda que otros les puedan brindar. Prefieren hacerlo ellos solos, son tenaces, con gran capacidad de trabajo, como si quisieran demostrar que no necesitaban los fórceps, que podían nacer por su cuenta, que ellos solos podían hacerlo mejor y se regodean demostrando que en la vida hay muchos incompetentes.

Se manifiesta en ellos el doble mensaje de necesidad encubierta y de fortaleza, de perseverancia y de rebeldía, de eficiencia e individualismo con una cierta y camuflada cobardía en los enfrentamientos. Están siempre más en la cabeza que en el corazón y su actitud más habitual es la de estar a la defensiva, atentos a lo malo que pueda ocurrir en el futuro.

Ojala se les diera la oportunidad de comprender que merecen vivir en paz y disfrutar del amor y la amistad que en el fondo desean. Se les debe ayudar con mucho tacto para que no lleguen a pensar que se les quiere manipular y se cierren otra vez en su fortaleza. No soportan la gente autoritaria con la que nunca se llevarán bien.

Los actos de racionalizar y analizar con exceso pueden separarles de los demás y de sus propios sentimientos, pero hacen de ellos excelentes informáticos, programadores, administradores de gestión, planificación logística o contables. En esas profesiones es casi seguro que puedan alcanzar grandes éxitos.

Del sexo no deseado

Cuando un nuevo ser se gesta en el vientre de una mujer, ésta, su pareja y sus familiares tienden a sentir cierta predilección por el sexo que vaya a tener el futuro bebé. Ese deseo suele venir precedido de una serie de circunstancias y preferencias como, por ejemplo: si hay muchos varones en una familia, preferirán que sea una niña; si se considera que es más productivo tener varones que hembras, preferirán que nazca un niño, etc. En los países de tradición patriarcal, los padres prefieren que el primer hijo sea varón, pues así perpetuará su apellido y su hacienda, suelen ponerle su mismo nombre, que quizás ya fue el de su abuelo y su bisabuelo, como un signo de orgullosa continuidad.

Podemos imaginar cómo se sienten en estos casos los bebés de otro sexo, que, como seres conscientes y sensibles, se formulan lúgubres pensamientos: "Soy un error", "soy un desengaño para ellos", "no les gustaré", "no soy merecedora de su amor".

Los niños nacidos con el sexo no deseado suelen sentir pronto una cierta desazón y nerviosismo, que se traduce en una rebeldía y una impaciencia que les caracterizará a lo largo de su vida. Son lo que no se esperaba que fueran y disfrutarán haciendo lo contrario de lo que la gente espera que hagan, a pesar de que su mayor deseo es que sus padres y sus superiores estén orgullosos de ellos y los alaben.

En sus relaciones personales, piensan que no van a dar la talla, sienten un íntimo inmerecimiento, lo que les lleva a buscar parejas que seguramente sus familiares desaprobarán. Ellos mismos se sienten mal en esas relaciones, que, sin embargo, aceptan y defienden; las han atraído a su lado para alimentar subliminalmente su idea de que, al no ser correctas, no van a hacer lo correcto. Esas parejas no van a potenciar su masculinidad o su feminidad, ni su realización personal, por lo que si poseen una gran fuerza de voluntad, su fuerte impulso les llevará a separarse y, si no pueden hacerlo, tendrán un comportamiento distante, frío e independiente que creará situaciones conflictivas en su entorno, a pesar de que su mayor deseo es agradar, agradar por encima de todo.

Las mujeres que desean ser queridas y aceptadas intentan esforzarse mucho para demostrar a sus padres que ellas son capaces de realizar todo lo que realizaría un hombre. Por esa razón, suelen practicar deportes de riesgo o elegir formas de ganarse la vida que exijan mucho coraje: como policías, agentes de bolsa, empresarios, militares. Pueden también estudiar carreras más propias del género masculino: como ingenieros, notarios, investigadores o astronautas. Ahora, la frontera entre las carreras masculinas y femeninas se ha borrado casi por completo y seguramente ellas, al estar compitiendo con los hombres, fueron la punta de lanza que posibilitó este cambio que va diluyendo las diferencias entre los sexos.

Si su feminidad queda extremadamente reprimida, pueden llegar a ser algo hombrunas. Cuando la madre o la familia preferían que naciera una niña y nació un niño (produciendo este hecho un gran disgusto) la masculinidad del varón puede quedar íntimamente negada y posibilita la aparición de conductas afeminadas.

El arrojo, la capacidad emprendedora, el espíritu de lucha, la entrega a los ideales y el afán de superación, les ayudará a superar la frustración que sintieron en su nacimiento por no poder complacer a los que más querían.

Mi nacimiento

Uno de los actos más decisivos en la historia de mi vida ocurrió mucho antes de llegar yo al mundo: Corría el año 1936 cuando estalló en España la guerra civil; mis padres se habían casado antes y tuvieron su primer hijo en plena guerra. Mi padre tenía muchas varices en las piernas. Por ese motivo, no le mandaron al frente, se quedó cerca de su familia y vio desarrollarse a su hijo, ya que le destinaron al servicio postal de la ciudad.

El niño, al que le pusieron el mismo nombre de nuestro padre, fue creciendo satisfactoriamente y, a pesar de la escasez, tuvieron la suerte de poder alimentarle y cuidarle relativamente bien. Cuando tenían que bajar al refugio para protegerse de las bombas, era la admiración y la alegría de todos los allí congregados.

Poco tiempo después de acabar la guerra, el niño enfermó de una encefalitis que le dejó postrado irremediablemente en su camita. En aquella España destrozada, no existían los medicamentos que le hubieran podido curar y, tras largos días de sufrimientos familiares, murió y sumió a sus jóvenes padres y a sus abuelos en un terrible desconsuelo.

Aproximadamente un año después, el 1 de septiembre de 1940, nací yo. Supe siempre que había sido un bebé muy esperado: yo representaba una nueva ilusión, un soplo de alegría en aquel triste hogar. Supliría el vacío dejado por ese hermano que no conocí. Pero él fue un niño y yo sólo era una niña...

Mi padre procedía de una comarca rural y vinícola de la provincia de Barcelona. En esta zona, estaba muy arraigada la ancestral costumbre de instituir "hereu", o sea, nombrar heredero de las tierras y el patrimonio familiar al primer hijo varón. A los hijos segundos les pagaban los estudios, si la familia podía, o les mandaban a trabajar a la cercana ciudad. Si había más hijos, procuraban que alguno de ellos fuera militar o entrara en el seminario. A las hijas se les destinaba una dote en dinero o tierras y, aún jovencitas, se trasladaban a vivir a la casa de su esposo, pues su futuro más habitual era un temprano matrimonio.

Mi padre, que había sido el segundo hijo varón, fue mandado a estudiar a un internado y luego se trasladó a Barcelona, donde creó su propio negocio, que dirigió eficazmente hasta poco antes de su muerte. Él, aunque en tiempos de guerra, había tenido su "hereu" para su negocio, su casa y su apellido. Pero se le había ido…

Ya de adulta, cuando asistí a los cursos para ser renacedora, o sea, experta en "Rebirthing", el conductor del curso nos dijo un día que iría leyendo unos listados con las características personales que cada tipo de nacimiento imprimía en los recién nacidos, para que nos fuéramos levantando cuando nos identificáramos con los comportamientos característicos de algún grupo.

Mamá tuvo siempre partos naturales, en su habitación del piso donde vivíamos: así era la forma habitual de parir en aquella época. Estuvo asistida por nuestra abuela, nuestra tía-abuela, que era comadrona, y por alguna otra mujer de la familia. Yo sabía que había tenido un nacimiento natural, por lo que pensaba que iba a identificarme con los privilegiados nacidos en un parto feliz, normal, que no había engendrado ningún tipo de trauma. Como consecuencia lógica, había tenido una buena vida que, aunque sentía que no había sido muy alegre, no había generado motivos por los que pudiera quejarme.

No me reconocía en las peculiaridades de los nacidos mediante cesárea, ni con las de los prematuros, ni con los del cordón al cuello, ni con los de los problemas de tiempo... Pero estaba leyendo las características de los nacidos con el sexo no deseado y sentí un escalofrío: parecía que estaba hablando de mí. Me puse junto a los que se iban levantando y unas lágrimas corrieron silenciosas por mis mejillas, mientras él recitaba las "mentiras personales" que doblegaban a los nacidos con el sexo no esperado: yo "era una decepción", "no era merecedora de su amor", "no les gustaba", "valía poco". No era su niño que volvía; era sólo una niña.

Luego, en las largas sesiones de "Rebirthing", supe conscientemente que esos pensamientos de inmerecimiento se fraguaron ya en mí cuando me encontraba en el vientre de mi madre y, como consecuencia en mi nacimiento, me resistía a salir. Ahora sé que en el útero podemos sentir temor, porque he podido experimentar el que yo sentía: papá no volvería a tener su "hereu"; sólo era una niña. Sería una decepción, porque yo no era lo que él esperaba... Mis primeras raíces de inadecuación, tristeza y minusvalía estaban ya presentes en mí cuando llegué al mundo.

Dentro del vientre de mamá, sentía que a ella no le importaba tanto el sexo de su bebé; sólo deseaba que naciera bien y creciera sano. Yo iba desarrollándome mecida en su amorosa e ilusionada espera, sin embargo temía salir porque pensaba que no sería bien recibida. Durante toda mi vida, siempre me ha costado mucho levantarme de la cama y me gusta alargar cualquier situación en la que me sienta a gusto. Hasta en detalles tan intrascendentes como éstos podemos observar la fuerza de los guiones natales.

Rescaté también de mi inconsciente las palabras de mi abuela cuando me mostraba a mi padre: «ha sido una niña, mira qué bonita es». Papá respondió, al mirarme: «No creo que gane ningún concurso de belleza». Por lo que he visto en las fotografías, yo era morenita y no tenía las facciones de un bebé angelical. La semilla de la decepción que presentía se incrustaba definitivamente en mi corazón. Viví mi niñez y mi adolescencia bastante acomplejada, sintiéndome fea y frustrada.

La foto, en un marco de plata, del sonriente niño de unos dos años, sentado en su cochecito, estuvo siempre presente en nuestro hogar. Yo era consciente del dolor que mis padres sintieron por su muerte, pero no tenía ni idea de los sentimientos que mi nacimiento habían despertado en mi padre y, sobre todo, en mí. Siempre había pensado que con mi llegada se había iniciado en mi familia una nueva etapa feliz. Nunca había reconocido conscientemente que, en mí, anidaban estos pensamientos de inadecuación y de inmerecimiento tan manifiestos. Sólo admitía una incomprensible tristeza y mucha frustración.

En posición horizontal

Cuando se ha cumplido el tiempo y llega el momento de colocarse en posición de descenso y encarar el canal del nacimiento, hay niños que se colocan en posición transversal, con los pies y la cabeza en horizontal. Por lo tanto, es imposible que tengan un parto natural y necesitarán una cesárea, pues ellos solos no pueden nacer.

Antes, se intentaba meter la mano y darle la vuelta al niño. Esa acción era sumamente dolorosa y traumática para los dos: la madre y el bebé. Y generalmente no tenía éxito, lo que comportaba un peligro mortal que ahora, con la cesárea, se evita.

Esta forma de colocarse cuando llega el momento de nacer, nos lleva a preguntarnos: ¿por qué esos bebés no encuentran la dirección correcta?, ¿por qué se sitúan en una posición equivocada?, ¿qué voluntad interna les hace ir contra un instinto natural?

¿Perciben reminiscencias de vidas anteriores con experiencias muy traumáticas que les hacen sentirse confundidos respecto al natural impulso vital?, ¿qué prevén encontrar?,

¿se sienten perdidos y buscan que alguien los coja, los gire y los lleve a encontrar la salida?

Si, dentro del vientre de su madre, llegan a sentir un gran terror paralizante, pueden llegar a morir. Los medios clínicos actuales evitan esa muerte y los niños sobreviven, pero también han experimentado el terror y la confusión.

Esa peculiar forma de situarse, cuando sienten el impulso de salida, creará unos patrones de conducta que les llevarán a pensar que, para poder vivir, necesitan obligatoriamente que alguien les ayude.

Pueden pensar que tienen que ir en la dirección equivocada para lograr el éxito en su trabajo o en su vida en pareja, por lo que frecuentemente tendrán múltiples complicaciones y comportamientos retorcidos.

Tienen gran dificultad para conformarse con las decisiones de los demás y les es casi imposible adaptarse a los ritmos ajenos. Quieren lograr una relación o un trabajo estable y parece que es eso lo que están buscando, pero no podrán continuar en la dirección correcta, si no se ha desarrollado en ellos la adaptación necesaria para la convivencia.

A veces, les es tan difícil mantener esta adaptación que se activa en ellos una terrible confusión interna y sufren por no estar habituados a tomar la elección correcta del camino a seguir. Eso puede hacerles pensar que tienen que hacer lo contrario de lo que su pareja o su jefe desean.

A veces, su interna confusión les lleva a dejarles, e incluso, a alejarse de su ciudad, pues el grado de intimidad al que han llegado les parece sumamente peligroso, ya que les hace sentirse aprisionados y manipulados. Lamentablemente, podrían correr, sin entenderlo, hacia un futuro confuso, imprevisible y doloroso.

Los gemelos

Los niños que han compartido su estancia en el útero con otros, suele tener muy desarrolladas las facultades psíquicas, como la intuición o la telepatía. Sus conexiones no verbales se ejercitaron prematuramente, al tener que compartir su primer espacio de evolución y de crecimiento.

Tanto si se crían juntos como si, por circunstancias especiales de la vida, viven separados, tendrán desde su más tierna infancia una conexión muy fuerte y experimentarán desarrollos muy parecidos, con aficiones, carreras, trabajos, gustos y relaciones semejantes o complementarias.

Al nacer, experimentan con más fuerza el trauma de la separación. El gemelo que sale primero tiene la sensación de culpabilidad por dejar dentro al otro, y el segundo tiene más agudizado el sentimiento de resentimiento, porque siente que el otro lo ha dejado solo. Cuando son muy fuertes esos sentimientos, tienden a sentirse incompletos, por tener que seguir su camino en solitario.

Perciben la soledad desde una perspectiva diferente, con una connotación de abandono.

Normalmente, sienten una cierta rivalidad fraternal y una competitividad mezclada con dependencia.

Si mantienen siempre buenas relaciones entre ellos, pueden sacar provecho de tener a mano, en el otro, un espejo en el que ver reflejado su propio comportamiento, sus propias decisiones o muy parecidas. Y eso les puede llevar a tener un concepto más claro y ecuánime de su propio desarrollo y del camino que han de seguir.

Antes de que fuera costumbre hacer las habituales ecografías a las madres gestantes, ellas no sabían con certeza que estaban esperando gemelos, lo que hacía pensar al segundo que nadie le esperaba, que no debía estar allí, que era un imprevisto y que no merecía atención. El gran asombro que se producía en el momento del parto repercutía fuertemente en el inconsciente del que salía en segundo lugar. ¿Cuál fue el primer hijo engendrado?, ¿sale realmente antes el que fue engendrado después?, ¿quién se siente primero o segundo? Esta última es la pregunta importante, pues la pauta de su orden de nacimiento marcará su trayectoria vital. El primer gemelo suele sentirse el mayor y "romperá más lanzas" en la vida; será, en cierta manera, el líder. El segundo siente que desempeña un papel secundario y será su fiel seguidor, que siempre lo observará. En un caso de extrema dependencia encontrará normal que el otro, el primero, se ocupe siempre de él y espera que le abra las brechas de las nuevas habilidades que tiene que adquirir. Su posición ante los cambios será más pasiva y mostrará más indecisión.

Compartirán comprensión y envidia, amor y competencia, intimidad y discrepancia. Su entroncamiento vital y su cariño suelen ser muy fuertes, y los celos y las rivalidades son, en cierto modo, inevitables. Cada uno intentará destacar en actividades diferentes, para reforzar su propia individualidad y evitar quedar nebulosamente unidos tras la expresión familiar, "los gemelos", agudizada por la habitual costumbre de vestirles y peinarles igual.

Aprisionados por el cordón umbilical

El cordón umbilical garantiza la supervivencia del niño en el vientre de su madre. Como que es relativamente largo, aunque se enrede en él, puede liberarse fácilmente. Pero, si en el momento de nacer, se le enrolla alrededor del cuello, percibirá que se está estrangulando y podría realmente llegar a morir. Esa sensación le producirá una gran angustia y, aunque al fin pueda desenroscarse y nacer, el tremendo recuerdo de su posible ahogo queda grabado para siempre en su psique y repercute posteriormente en su forma de actuar y hasta de vestir.

Es lógico que, en la niñez y en su vida adulta, se nieguen a ponerse prendas que les opriman la garganta, como jerséis de cuello alto, corbatas, bufandas o camisas con cuellos abotonados. No pueden soportar estas prendas y, aunque las circunstancias se lo exijan, tratarán de evitar usarlas, ya que les recuerdan inconscientemente al remoto instante en que temieron morir asfixiados.

En situaciones de mucha tensión, es posible que griten "¡me está matando!", pues se sienten muy agobiados con las complicaciones de la vida. El miedo profundo lo sienten como "un nudo en la garganta" y cualquier situación amenazante, aunque sea remota, les altera profundamente. Son muy sensibles a cualquier probabilidad de ataque y pueden reaccionar con violencia al menor indicio de enfrentamiento, aunque ellos suelen ser los causantes de tales altercados.

Cuando empezaban a vivir, se sintieron morir. Por lo que son muy sensibles al peligro, pero, a veces, parece que lo provoquen para sentir una mayor emoción vital. Son amantes de la libertad y tienen necesidad de mucho espacio para ellos solos. Les gusta sentirse independientes; las relaciones personales de cercanía o familiares no tardan en agobiarles.

En el ámbito laboral, son muy eficientes y prefieren estar solos aunque tengan que cargar con más trabajo, pues temen que la expresión de su personalidad quede asfixiada si están incluidos en un trabajo grupal.

En sus relaciones de pareja, pueden crear conflictos por pequeños detalles, sobre todo si les llevan a pensar que pueden abandonarles. Tratan de establecer ligaduras umbilicales de dependencia, se enrollan en el amor con facilidad, pero no soportan las ataduras que les demanden vidas sedentarias, reuniones familiares frecuentes y compromisos sociales. Desean el amor en libertad y sólo si lo consiguen podrán entregarse, confiar y amar plenamente.

Resuelven con arrojo y valentía situaciones de crisis, accidentes o emergencias; ellos superaron con éxito la más importante de su vida, al lograr sobrevivir a un probable estrangulamiento. Suelen ser fuertes y tienen la sensación de que han de ser siempre potentes, sanos y viriles (los hombres), pues, si desfallecen, temen tener que pedir ayuda a los demás, porque mostrar sus sentimientos y sus debilidades les confunde profundamente.

Su trauma natal les lleva a pensar y decir "ella me ahoga", "estoy en peligro", "vivir es agobiante", "someterme es morir", "quiero estar solo", "no los trago".

Con problemas de tiempo

Los nacimientos que, sin ser provocados, se adelantan, o los que se retrasan demasiado, pueden propiciar comportamientos adultos con actitudes problemáticas en el manejo del tiempo.

La dificultad para ajustarse a los horarios, impregna siempre sus vidas desde dos posibles vertientes bien diferenciadas: la premura o la tardanza.

En algunos el patrón de llegar con antelación funcionará durante toda su vida y tendrán la costumbre de adelantarse en las citas. Ellos son los que llegan a las tiendas antes de la hora de apertura y esperan gustosos a que les puedan atender. Suelen ser personas madrugadoras y seguramente son los primeros en las largas colas que se forman para cualquier cosa.

No sufrirán los atascos en las salidas de las ciudades, ya que ellos salen pronto y jamás conducen en horas punta. En sus relaciones, pueden estar siempre metiendo prisa y provocando discusiones con la gente que es más lenta. Sus pensamientos habituales son; "tengo que precipitarme para lograrlo", "tengo éxito cuando voy a mi aire", "ser puntual es una gran virtud", "venga, rápido". Todos ellos pueden convertirse en normas que marquen su convivencia.

En otros, la tardanza, los retrasos o los hábitos noctámbulos les llevarán a tener serios problemas. Generalmente llegarán en el último momento, antes de que cierren las tiendas o las cocinas de los restaurantes. Si alguna vez llegan demasiado pronto, decidirán emplear el tiempo que les sobre para hacer una diligencia rápida en cualquier lugar cercano, lo que ocasiona que inconscientemente vuelvan a llegar tarde. Pueden dejar muchas cosas "para mañana" y decir frecuentemente: "hay tiempo", "ya lo haré", "no es necesario precipitarse"

Los nacidos con problemas de tiempo están muy interesados en lo que puede pasar en el futuro y en buscar soluciones nuevas para antiguos problemas. Por ello, pueden ser expertos investigadores y tener excelentes ideas que se avanzan a las de sus competidores.

Se les puede tildar de visionarios, pues su ilusión es anticiparse; buscan tenazmente soluciones originales a cuestiones difíciles, y trabajarán para hallar respuestas innovadoras en diferentes campos.

Algunos bebés que nacen con retraso son niños muy grandes que, al sentir que el acto de nacer es dificultoso, inhiben sus esfuerzos y retrasan su salida, pues no quieren hacer daño a su madre.

Suelen ser seres muy cariñosos y comprometidos, que por naturaleza ayudan siempre a los demás y apoyan incondicionalmente a los que quieren.

Todos los que tienen problemas con el tiempo anhelan vivir a su propio ritmo; lo intentan y suelen lograrlo, pues ajustarse a los horarios de los demás les causa un gran esfuerzo y mucho nerviosismo.

Nacimientos de espalda

En este caso, el niño viene de nalgas o de pie. Y, como en el caso del nacimiento en posición horizontal, la solución para ayudarle a nacer era sumamente dolorosa y traumática, pues trataban de darle la vuelta dentro del útero introduciendo la mano. Hoy se recurre a la cesárea.

¿Qué razón tuvo para darse la vuelta en el útero y no seguir su instinto hacia la posición correcta de salida? Parece que el motivo es un miedo cerval a un peligro inminente que siente le espera fuera, como una carencia afectiva muy profunda, un sentido de extrema decepción, por no ser del sexo esperado, o por la percepción de tener una misión muy elevada que cumplir para la que se siente poco capacitado.

Como son nacimientos difíciles y confusos, suelen generar mucha culpabilidad. Sienten que ,inevitablemente, van a hacer mucho daño a los que les quieren, especialmente a las mujeres.

Suelen complicarse la vida en exceso, buscando soluciones muy difíciles para problemas cotidianos; incluso pueden actuar completamente al revés de lo que un análisis sencillo de la situación recomendaría.

El que nace de pie suele confundirse casi siempre al ponerse los zapatos en el pie correcto y suele usar la frase "con muy mal pie", para decir que ha iniciado con mala fortuna alguna relación, un nuevo trabajo o un viaje, en los que luego realmente han aparecido muchas y variadas complicaciones e incidentes.

Algunos se sienten muy culpables, al no poder evitar hacer daño a los demás; se sienten malos y se castigan psicológicamente por ello. Creen que se merecen recibir un castigo, sentir dolor y sufrimiento. Por un cúmulo de circunstancias adversas, sus tristes pensamientos quizás pueden llevarles al suicidio, o a tendencias masoquistas en las relaciones, buscando parejas a las que les interese este peligroso juego de destrucción y dolor.

Muchos de sus actos les llevan a sentir gran culpabilidad pues escogen caminos confusos. A pesar de eso, suelen tener un fuerte instinto de supervivencia y de lucha, en el que se apoyarán con fuerza.

Sólo se dejarán guiar y aconsejar si encuentran personas con las que puedan sentirse seguros y libres, aunque permanecerán siempre con su inequívoca e innata percepción del peligro muy alerta.

Embarazos accidentales, hijos no deseados, ilegítimos, huérfanos o con intento de aborto

Si después del inicial disgusto, los padres y, sobre todo, la madre, aceptó la realidad de su próxima maternidad, el recién nacido puede ser bien recibido, pero su concepción fue imprevista, no buscada o ilegítima. Y, en todos estos supuestos, causó sorpresa y probablemente disgusto, rechazo, rencor y muchos otros sentimientos negativos que el nuevo ser captó.

Asegurar la continuidad de la especie es un fuerte instinto primario en la naturaleza. Los padres cumplen un mandato inconsciente al tener descendencia y, por lo tanto, la llegada de un hijo suele ser motivo de satisfacción. Pero hay muchos componentes externos e internos que hacen que la noticia de su llegada no sea bien recibida. Influyen en ese antinatural rechazo, unas condiciones adversas que alteran los sentimientos de los futuros padres, como son las penurias económicas, la necesidad imperiosa de conservar el trabajo, no estar casados, ser demasiado jóvenes, tener ya muchos hijos, una vivienda precaria, una depresión, una guerra u otras graves circunstancias familiares y sociales.

El colmo de la frustración de los niños así engendrados, es oír a sus padres decirles: "¡ojalá no hubieras nacido!", "eres un incordio", "eso ha ocurrido por tu culpa", "no quiero verte más", pues esas son unas frases que retumban odiosamente en su interior produciéndoles un dolor muy intenso.

- A un hijo **no esperado** le suele costar planificar cualquier cuestión importante, como sus estudios o sus trabajos. La imprevisión que permitió que él existiera le acompañará en su forma de vivir y pensará con frecuencia "no soy bien recibido", "no debí entrar", "¿será correcto ir?", "no soy oportuno". Cualquier proyecto a realizar en un plazo prefijado se convertirá para él en una experiencia casi insuperable. El desorden y la confusión serán sus compañeros de por vida, a no ser que un fortísimo empeño de superación le transforme en un previsor exagerado. Le costará encontrar el equilibrio entre esos dos extremos, pero su afán por aferrarse a la vida le dará un gran impulso que ha de saber aprovechar para tener éxito.

- Un hijo **no deseado** podrá tener problemas para relacionarse con sus compañeros, temerá que le rechacen y, por eso, su forma de acercarse a los demás es poco abierta y distante. Se puede sentir solo e incomprendido y, a veces, podrá llegar a pensar que no vale la pena vivir porque hay en él algo malo que los demás no quieren, ni aceptan. Pero sus intensas ansias de vivir le ayudarán a superarse y a lograr lo que desea.

Durante la adolescencia, siente que quizás nadie le va a querer y le asusta afrontar solo el mundo de nuevas experiencias que se abre ante él. Teme que nadie vaya a preocuparse por lo que le pueda suceder. Cuando adulto, tiene ganas de tener relaciones de pareja, pero se lo pone difícil porque, de entrada, rechaza a quien le muestra amor, sospechando de sus buenas intenciones. Tiene miedo de que le engañen si se compromete seriamente y puedan luego abandonarle a su temida soledad.

- Los llamados **embarazos accidentales**, además de compartir algunos de los sentimientos antes mencionados, crean el patrón inconsciente de experimentar en su vida accidentes que les complican la existencia. Se les puede hacer difícil conseguir aseguradoras que se hagan cargo de sus coches y sus viviendas, pues realmente les suceden accidentes domésticos o de circulación con más frecuencia que al resto de la gente.

Sienten una gran necesidad de agradar, pero mantener una relación estable y tener hijos les parece una responsabilidad muy grande, por lo que a veces se inclinan por tener relaciones accidentales y encuentros casuales.

- Si su madre **intentó abortarlo** y, sin embargo, el bebé se aferró a la vida, su afán de superación y de lucha es su característica más destacable. Inconscientemente, pensará "la vida hace daño" "no me quieren", "nadie podrá conmigo". Son unos luchadores natos que anhelan tener éxito y poder, como reflejo del deseo básico de ser amados. Si encauzan su talento en una dirección que les satisface, el éxito que probablemente conseguirán producirá la admiración y el reconocimiento que tanto buscaban: "triunfaré", "me lo merezco". Pero si se atolondran o abren muchos frentes en su ansia compulsiva por no fallar, su fuerte voluntad podría degenerar en un voluntarismo altivo y controlador que, para probar su superioridad, les alejará de la humildad necesaria para rendirse a lo que ocurre, abrir el corazón y tener la capacidad de entregarse y de amar desinteresadamente.

Al haber sentido tan al comienzo de su existencia la brutalidad del rechazo materno, pueden reaccionar negándose a experimentar sus sentimientos y se protegen emocionalmente, resueltos a no sufrir nunca más el dolor del rechazo y la humillación. Y así vivirán ávidos de amor, pues lo buscarán imponiéndose y, por lo tanto, difícilmente alguien colmará ese vacío y se sentirán muy frustrados. "¿De qué vale ganar el mundo, si uno pierde su alma?". "Nadie me quiere", "en realidad estoy solo". Esos pensamientos les crearán frustración y envidia cuando se comparen con los que piensan que son felices.

- En la vida de los **hijos ilegítimos**, no reconocidos legalmente por el padre, pueden proliferar los actos furtivos. Si la madre intentó ocultar su embarazo, el hijo puede crecer pensando que es mejor pasar desapercibido para poder sobrevivir: "es peligroso mostrarse", "no deben verme". Intentarán ocultar sus impulsos sexuales, pues se sienten inseguros y temen que sus parejas no sean como deberían ser. Temen no ser suficientemente válidos para ser queridos y pueden tener problemas con los impuestos, con los matrimonios religiosos indisolubles y con los asuntos legales en general.

- Los niños o adolescentes que se han quedado **prematuramente huérfanos** pueden sentir que hay algo muy malo en ellos y por eso les han abandonado. Este sentimiento suele estar fuertemente grabado en su subconsciente, aunque nunca se lo confiesan. Se niegan a aceptarlo, aunque sientan un tremendo miedo al rechazo. Temen ser queridos, para no volver a sentir el dolor y la separación que siguió a su primera y más significativa relación de afecto. El recuerdo inconsciente de su lejano trauma les puede complicar su vida en pareja.

Por lo general son luchadores, porque la vida les ha obligado pronto a serlo. Hacen con empeño las tareas cotidianas y en su trabajo suelen ser responsables y comedidos. Frecuentemente, ayudan a los demás y se ofrecen a hacer suplencias, favores o trabajos que los otros prefieren no hacer, compensando así la idea de ser abandonados por la de ser indispensables. Confunden sentirse amados por sentirse necesitados.

Con problemas económicos

Si al engendrar un nuevo hijo, los padres pasan graves penurias económicas, o bien su país está inmerso en una etapa de recesión, o habitan en una zona que atraviesa una gran crisis, el nuevo ser podría ser recibido con cierta reticencia al ser visto como una nueva carga, como un motivo añadido de preocupación.

El niño en el útero percibe la realidad de la vida de sus padres y, si su situación económica es precaria, siente, sin saber por qué, que su llegada está agravando la sensación de preocupación y estrés que la madre le transmite involuntariamente.

Él acabará convenciéndose de que "es una carga", "causa dificultades", "es un desastre", "es difícil subsistir". Y esas ideas, que tan pronto y tan fuerte le marcaron, le harán vivir prisionero de experiencias llenas de necesidades económicas nunca satisfechas.

Le será difícil salir airoso en los negocios que emprenda, porque su creencia o guión subconsciente de escasez, de dificultad y de temor, pueden ser un lastre para su éxito económico.

Generalmente, tienen interés en superarse, les gusta esforzarse e intentan salir adelante. Pero han de hacer un esfuerzo tan grande para vencer su limitante idea primaria que se frenan continuamente y, a veces, no lo logran; pues se quedan sin energía para superar las normales dificultades que cualquier empresa requiere.

El sufrimiento por las penurias económicas de los padres les lleva a sentir resentimiento contra las personas que tienen un mayor poder adquisitivo, generando un frontal rechazo hacia un tipo de vida que, en realidad, desean desesperadamente. Pero ese deseo se ha quedado encapsulado en rabia o rencor y la reacción externa es de profundo desprecio a la riqueza, a los ricos y a lo que ellos representan.

El dinero, la prosperidad, la riqueza y el éxito económico quedan teñidos por un concepto de maldad, de algo indeseable, de profunda aversión que no les va a ayudar en nada para conseguir una buena estabilidad financiera. Siempre actuarán desde su oculta contradicción, cuando intenten "salir adelante" y cuando se empeñen en ser más que sus padres, o cuando quieran prosperar económicamente. Se sentirán frenados inconscientemente y, aunque su impulso sea encomiable, no podrán ganar tanto dinero como son capaces de ganar, ni gozar de la estabilidad que en realidad merecen, ya que su patrón de escasez puede vencerles. Prosperar será un reto a su propio inconsciente, del que muchas veces serán esclavos, si no saben que en ellos está actuando el patrón limitante que les dice: "el dinero hace sufrir", "los ricos son malos", "el dinero apesta", "malditos ricachones".

Si son conscientes del patrón de escasez que les frena y ponen interés en neutralizarlo les será más fácil prosperar económicamente.

Más adelante, en otros capítulos, explicaré las técnicas que podemos usar para lograr cambiar todas estas entorpecedoras "mentiras personales". Ellas son las que no nos dejan disfrutar de la vida al crearnos unos guiones negativos que oscurecen el claro resplandor que tiene la existencia cuando se siguen los pasos precisos que llevan a lograr la propia realización.

EL GINECÓLOGO

La primera persona con la que nos relacionamos en nuestra salida al mundo fue la comadrona, o el ginecólogo. Según cual fuera nuestra percepción de su forma de actuar, sentimos su presencia desde dos puntos de referencia diferentes y hasta antagónicos:

El primero: si sentimos que él nos guió, nos animó y nos ayudó, lo valoramos como un personaje decisivo e importante que nos liberó de un mayor sufrimiento y nos encauzó satisfactoriamente.

En las posteriores relaciones de adulto, seremos más proclives a buscar a alguien que nos "saque las castañas del fuego", que nos salve, que nos levante de las caídas o que nos ayude en los conflictos.

El segundo: si por el contrario sentimos que nos forzó, nos controló, o nos hizo daño, se nos pudo grabar la idea de que la ayuda que nos proporcionó se convertía en una manipulación dolorosa.

No es extraño que luego desconfiemos de la ayuda que quieran ofrecernos, porque el subconsciente sabe que una temprana ayuda significó un control ajeno, que derivó luego en frustración. Así es lógico que sintamos una especie de resentimiento secreto hacia figuras de autoridad que pretendan incidir en nuestras decisiones, como sacerdotes, profesores, doctores, consejeros o terapeutas.

EL SÍNDROME DEL TOCÓLOGO

"La mayor parte de la humanidad vive
vidas de silenciosa desesperación"
J. Thoreau

En algunas relaciones de pareja, se suele recrear el "síndrome del tocólogo", que se asemeja al "complejo de Pigmalión". Un miembro de la pareja es el listo, el poderoso, el fuerte, el que salva o el que sabe todo. Y el otro es el que no sabe, el desvalido, el despistado o el débil, quien ha de ser salvado y protegido.

En casos no tan extremos, los roles pueden ser temporalmente cambiantes, según se trate de problemas familiares, de intendencia, monetarios, laborales o de salud. Los papeles de listo o débil pueden intercambiarse, según de qué problema se trate, y en cierta manera es lógico que así suceda en unas relaciones familiares armónicas, en las que cada uno posee y utiliza sus propias y peculiares habilidades.

Lo negativo de ese juego es que quien adopta, aunque sea inconscientemente, el papel del ginecólogo manipulador suele a la larga menospreciar la más pobre iniciativa del otro miembro de la pareja, a la que trata de corregir continuamente desde el control.

Actúa sin reconocer el punto de vista del otro, sin comprender sus razones o sus limitaciones, dejándolo en una situación de minusvalía en la que procura que permanezca, ya que lo que más temerá es que su pareja no lo necesite. Temerá más que no le necesite a que pueda dejar de quererle, pues lo que más le importa no es su amor, sino su necesidad de poseerla para ejercer el control.

Así como el médico necesita que exista la enfermedad para poder vivir de su trabajo y el mecánico necesita que los coches se estropeen para ganarse su sustento, "el mandón" necesita mandar con autoridad para que el otro le obedezca y así pueda perpetuar su ansia de poder y control.

Este tipo de relación engendra una fuerte dependencia insana, insatisfactoria y frustrante.

Cuando el miembro que adoptaba el rol del necesitado, o del débil, procura superar esa cierta minusvalía, formándose, cultivándose y esforzándose en ser más competente, suele despertar mucho recelo en el que ejerce el control y la autoridad. Pues los ejerce, no para que el otro mejore, sino para que se mantengan las bases que afianzan y mantienen su posición de pretendida superioridad.

Este tipo de relación no satisface a nadie, pero la inercia de su existencia, por ser tan antigua, es muy fuerte.

La rotura de este malsano equilibrio probablemente engendrará serios problemas que pueden desembocar en graves maltratos psicológicos y quizás físicos, ya que al desequilibrar la balanza, se crea una nueva situación que por ser desconocida genera un gran temor, un fuerte desconcierto y una rabia profunda que puede nublar la razón de un ser insensibilizado ante los sentimientos ajenos.

Las mujeres que deciden buscar trabajo fuera del hogar, que desean su realización personal o las que, hartas de una relación frustrante, deciden cambiar su estilo de vida, pueden llegar a desestabilizar una convivencia deteriorada pero soportada.

El hombre que actúa desde su "máscara" de machista, manipulador y autoritario, en realidad se siente profundamente ansioso, inseguro y frágil y se atemorizará por el desconcierto que le produce una nueva situación que no controla. Se sentirá prisionero de negros sentimientos que difícilmente reconocerá, pero en casos extremos, pueden llevarle a cometer la tan denostada y fatal agresión que llamamos "violencia de género".

Creo que es importante comprender ese "síndrome" cuando se trate de encontrar soluciones a la violencia machista que afecta dolorosamente a tantas mujeres y que también destroza la vida de muchos hombres que la cometen.

Los dos son víctimas de profundos e inconfesados sentimientos negativos de temor, rechazo, soledad, inmerecimiento y minusvalía. Los dos han sufrido, en el transcurso de su nacimiento y su niñez, una importantísima y dolorosa falta de verdadero amor, maduro, protector y desinteresado.

LA ALIMENTACIÓN

"Aprendemos a amar
siendo amados"
John Bradshaw

La calidad de los cuidados que recibe el bebé en su primer período de vida influirá en la opinión que se irá formando de lo que representa la aventura de vivir.

El amor, la paciencia y la comprensión o la tensión, las prisas y los conflictos que acompañan su alimentación, penetrarán en su subconsciente creando ideas positivas o negativas sobre el acto de comer.

Su alimentación ideal es la leche que la biología ha creado en su madre para él. Los sustitutos a esa leche idónea suelen ser leches transformadas en laboratorios y procedentes de otros mamíferos que producen muchas sustancias de desecho. Por ese motivo, las defecaciones de los bebés alimentados con leche materna son mucho más líquidas y fluidas que las de los bebés alimentados con otros tipos de leche. Su frágil aparato digestivo las absorbe con más dificultad y no le proporcionan las propiedades inmunológicas que necesita, lo que le deja más débil ante las agresiones externas.

Sólo se debería prescindir de los grandes beneficios de la lactancia materna en situaciones extremas. Es lastimoso que se prive al bebé de sus innegables beneficios por razones egoístas, de trabajo o de estética.

En el plano afectivo nada hay más amoroso, más gratificante y completo que la dulce mirada que el bebé dispensa a su madre cuando succiona su pecho. Él siente que su urgente necesidad es colmada con presteza, atención y amor, y la recompensa con su tierna mirada.

Si por problemas irresolubles no se puede llevar a cabo una lactancia completa, es conveniente no crear un sentimiento de culpabilidad.

Tenemos que potenciar la aceptación de lo que ocurre, porque lo que afecta al niño realmente no es el tipo de alimento que recibe, sino el estado emocional que experimenta su madre cuando le está dando su alimento. Si lo coge en sus brazos amorosamente para darle el biberón, lo mira y lo estrecha contra su cuerpo, aunque sea menos idónea la leche que toma, lo que más le importa es sentirse colmado con cariño.

Muy diferente es la actitud que percibe si se lo da otra persona por obligación y sin cariño: le afecta negativamente que lo alimenten sin cogerlo o si percibe que les ha contrariado muchísimo porque les ha despertado de su sueño nocturno. Él, a pesar de su indefensión, es un nítido receptor de sensaciones, y la culpabilidad, la desidia o la irritabilidad de sus padres y cuidadores, penetra en su ser junto al alimento.

Si una madre no tiene leche suficiente y la complementa con un biberón de forma natural y cariñosa, el bebé lo recibe como un aporte diferente pero satisfactorio.

En cambio, si ella se siente traumatizada o culpable por el hecho de no poder amamantarlo como ella había deseado, las ideas frustrantes "no tengo lo que necesito", "no es suficiente para mí" o "no puedo obtener lo que me satisface" van tomando cuerpo en su conciencia y pueden teñir de culpa y resentimiento sus futuras experiencias relacionadas con el acto de recibir. Quizás, cuando sea un adulto, le costará y le abrumará recibir amor, regalos, buena comida o dinero. No tiene la costumbre de recibir con amor los placeres de la vida.

Si el acto de amamantar produce dolor a la madre, debería comprobar que su postura, la posición de sus brazos o la colocación del bebé sean las correctas; tal vez debería apoyarse en un cojín o sentarse en otro lugar. Actualmente, por suerte, existen cursos que promocionan las excelencias de la lactancia materna y su correcta realización.

Si por la forma del pezón, por la existencia de unos quistes o por alguna otra razón, ella siente mucho dolor y se empeña en darle el pecho, el acto amoroso del lactar se convierte en una experiencia traumática de sufrimiento, que puede crear en el bebé pensamientos del tipo "mi madre sufre al darme lo que quiero", "alimentarme es un problema", "es difícil conseguir lo que más quiero".

De adulto, tendrá dificultades en lograr fácilmente lo que quiere, encontrando graves problemas para conseguir lo que más necesita. Inmerso en ese guión, quizás le costará conseguir algo importante para él con una lógica naturalidad.

Cada bebé tiene su ritmo biológico de sueño, vigilia y hambre, lo que manifiesta claramente con su potente llanto. Si no se comprende la razón de ese llanto, se suele alterar la vida familiar, creando inquietudes y reproches. En las consultas de algunos pediatras, convencen a los padres de que es mejor planificar unos horarios de sueño, de alimentación y hasta de llanto, que se adapten a los horarios de trabajo de los adultos que los cuidan.

Alimentarle obligatoriamente, siguiendo el horario, despertarle aunque duerma plácidamente, hacerle tomar dosis estándares, o dejarlo sólo llorando en su habitación hasta que se canse, son unas habitudes que se recomiendan a menudo.

Los padres, con su buena voluntad e ignorancia las acatan, pensando que es bueno para el bebé mostrarse inflexibles, pero son unas prácticas que no resisten un análisis que tenga en cuenta las necesidades del niño.

Si él necesita comer pero, al no ser la hora prefijada, no le dan su alimento.

Si quiere dormir y ansía un contacto amoroso y nadie le coge ni le abraza. Si llora por algún motivo que sus padres no aciertan a comprender y le dejan solo hasta que se le pase la rabieta, no están respondiendo a la más imperiosa demanda de un bebé a sus padres, que es recibir amor, comprensión y sentir su cariñosa acogida. Por encima de todos los alimentos, todos los consejos, todos los horarios, lo que ellos necesitan es comprensión, atención y amor.

¿Cómo se puede desoír, por el consejo de nadie, el llanto de un niño que no tiene otra forma de expresarse?

Si se desoyen sus ritmos y sus necesidades, aparecerán probablemente el nerviosismo, el malestar, los llantos intempestivos y los cólicos.

"Tiene cólicos" es una fatídica expresión que se infiltra en la familia y que resume un impresionante lío de lágrimas, pesadillas e impotencias. Generalmente, aparecen porque han existido algunos motivos que han asociado el alimento con unas sensaciones irritantes, pueden ser inquietudes familiares, pesadumbre de la madre, ambiente tenso, problemas en el hogar o impaciencia paterna. El bebé queda afectado por la gran desazón que le producen los cólicos. Estos causan un dolor agudo en el estómago, al distender su abdomen, lo que le produce gases en el intestino y rigidez en las piernas. Ese es el doloroso cuadro que soporta y que le provoca su terrible llanto.

Si estos cólicos se presentan con frecuencia, en lugar de contar con un entorno pacífico que los neutralicen, el ambiente se altera negativamente, afectando los ritmos de convivencia y de descanso de los mayores. Así se crea un círculo vicioso de impotencia y desconcierto, que tiene como base un problema de alimentación y asimilación.

Es preocupante el creciente número de problemas alimenticios que están apareciendo en las sociedades industrializadas y consumistas. ¿Será que los iniciales trastornos alimenticios, producidos por la falta de calor humano, contacto amoroso y de tranquila atención, han aumentado por la constante agresión de los horarios de trabajo y las presiones externas? ¿Son todos estos sentimientos tragados los que afectan a la posterior relación con la comida? ¿Por qué un niño se despierta durante la noche pidiendo un vaso de leche, después de haber cenado bien? ¿tiene hambre, o busca proximidad y atención? ¿quiere leche o quiere amor?

En Occidente, estamos sobrealimentados, lo que no quiere decir que estemos bien alimentados. Comemos a horas prefijadas porque así nos hemos acostumbrado a hacerlo. Pero ¿es realmente a esas horas cuando tenemos hambre? Somos muchos los que estamos desconectados de lo que hacemos y al comer no prestamos atención a ese importante acto, pues comemos mientras miramos la televisión o leemos el periódico, o nos enzarzamos en conversaciones que nos alejan del primario placer de comer adecuadamente.

Cuando comemos sin hambre, picamos entre horas, nos atiborramos de dulces o devoramos bombones, no es el hambre estomacal lo que estamos mitigando, lo que hacemos es mitigar el hambre emocional. Pretendemos inconscientemente que la comida sustituya al amor ideal que esperábamos y no recibimos. Aunque nos ofrezcan algún tipo de amor, seguimos sintiéndonos frustrados. Echamos de menos la tibia calidez del verdadero amor maduro que no experimentamos.

Engordamos porque inconscientemente queremos sentirnos protegidos, ya que pensamos que no seremos capaces de realizar lo que creemos que se espera de nosotros; nos rellenamos con lo que acumulamos al comer lo que en realidad no necesitamos, pero creemos que nos compensa de la frustración o la incertidumbre que sentimos...

En algunos casos, podemos interactuar con la comida de una forma totalmente opuesta a ésta y entonces estamos enfermizamente delgados, porque no aceptamos alimentarnos adecuadamente. El estómago se nos cierra sin permitirnos ingerir lo que nuestro buen desarrollo precisa. No queremos abrirnos a recibir. Lo que en la infancia debía llenarnos de potente vitalidad nos llenó de amargura y decepción, cerrándonos a la posibilidad de aceptar muchas de las satisfacciones que la vida generalmente nos brinda.

Inconscientemente, decidimos evitar que, otra vez, estos tristes sentimientos se cuelen junto con la comida, comiendo lo mínimo; así vivimos con escasa energía dentro de unos límites de desarrollo que sólo nos permiten una pura supervivencia, negándonos el entusiasmo, la plena satisfacción, la alegría vibrante e incluso la potencia sexual.

Quizás los desarreglos alimenticios, la extrema delgadez, la obesidad, y la anorexia testimonian las frustraciones por la forma en que nos sentimos alimentados y queridos en las primeras etapas de la vida. Las añoranzas percibidas aún resuenan en nuestro interior. No somos ya niños indefensos pero, si no comemos adecuadamente, seguramente seguimos pidiéndole al acto de comer la sensación de plenitud, de protección y de amor que tanto ansiamos sentir en la relación con nuestra madre.

LA NIÑEZ

"Un hombre entre niños seguirá siendo un niño,
un niño entre hombres no tardará en ser hombre"
Proverbio

Un parto natural que se haya desarrollado sin excesivo dolor, en un entorno amoroso y con la colaboración del padre,
es el mejor punto de partida para anclarse con seguridad a la
vida. Si no tuvimos un nacimiento así, debemos tener en
cuenta que los retos, a los que fuimos sometidos en tan crucial momento, nos proporcionaron también las herramientas
necesarias para desenvolvernos satisfactoriamente en las
situaciones que esta misma experiencia atraerá a nuestra
vida, con el fin de hallar la forma de superarlas. Nada de lo
que nos ocurre es superfluo o innecesario.

Todas las experiencias natales llenan nuestra mente de pensamientos frustrantes y, a la vez, nos proporcionan las aptitudes necesarias para superarlos.

Nuestra mente no es nuestro cerebro, aunque a veces lo
confundimos. Nuestra mente es energía vital no visible que
impregna todas nuestras células y también nuestro cerebro.

Antes de nacer, nuestro cerebro estaba completo, pero el
"programa" que definiría nuestras reacciones futuras estaba

119

casi en blanco; sólo poseía el esbozo de nuestro proyecto de vida, reminiscencias de temas inconclusos en vidas anteriores y las impresiones recibidas en el útero. En el parto y en las primeras experiencias se irá activando e irá completándose mientras vayamos desarrollándonos en la niñez.

Al nacer, somos básicamente "cerebros derechos". La información exterior que nos llegó cuando estábamos en el útero y en nuestro nacimiento, junto con la que se nos irá incorporando en la niñez, la recibimos a través de los órganos sensoriales del hemisferio derecho.

Los animales se rigen siempre por el cerebro derecho. Por eso tienen una continúa relación con unas energías instintivas, a las que nosotros actualmente estamos poco preparados para acceder.

De niños, hasta cerca los ocho años, funcionamos desde este ámbito. Por esto, a los adultos nos cuesta comprender su forma de percibir la realidad, que es diferente de la nuestra; es mucho más sensitiva. Les causa más impacto lo que hacemos que lo que decimos, lo que sentimos que lo que demostramos. Sus puntos de referencia difieren de los nuestros y no poseen los mecanismos de defensa que proporciona el hemisferio izquierdo. Los niños aprenden de los adultos el funcionamiento del cerebro izquierdo y conquistan el pensamiento racional, la lógica y la deducción en sus etapas de aprendizaje.

En la niñez, necesitamos sentirnos abrazados, besados y queridos. Durante las seis primeras semanas de vida, el contacto físico, más que el alimento, es el que hará aumentar las defensas inmunológicas de los bebés.

Los niños necesitan el contacto amoroso; les gusta ser acariciados y masajeados a menudo, pues la piel es el mayor órgano sensorial. El sentido del tacto se halla repartido por todo el cuerpo y es un gran canal de acceso al inconsciente. "Lo siento a flor de piel", "es cuestión de piel" decimos para definir sentimientos intuitivos de conexión o de rechazo.

Durante toda la vida, podemos sentir mucho placer al acariciar y al ser acariciados, si un lejano patrón de dolor no nos lo impide.

La niñez es la etapa del desarrollo que está más influenciada por la forma en que interactúan los demás miembros de la familia. Junto a ellos, iniciamos el desenvolvimiento de nuestras dotes sensoriales e intelectuales, de nuestra maduración interna y de nuestro rápido crecimiento externo.

Creamos las bases de nuestra personalidad, influenciados por todo lo que vamos experimentando con la familia. Nos afectan mucho todos los cambios que pueden producirse en nuestro entorno cercano. Los traslados de domicilio, los divorcios, la aparición de nuevas figuras de autoridad, el trato que nos dispensan las otras parejas de los padres, los abuelos, las cuidadoras y, sobre todo, el nacimiento de los hermanos, el número de ellos y la propia situación en el orden de nacimiento.

En esta época, hemos tenido que enfrentarnos también a nuevas experiencias fuera del hogar, al incorporarnos a la escuela. Aparecieron los amigos, las tareas de aprendizaje, los estudios, los maestros, los deportes. La forma de asimilar estos cambios y de reaccionar a ellos tiene una importante repercusión en la creación de nuestra propia imagen.

Un entorno familiar entrañable, protector y estimulante, nutre la autoestima, la confianza en nosotros mismos y la propia estabilidad emocional.

Pero la idílica imagen de familia feliz con niños esconde a veces experiencias frustrantes y momentos de aguda tensión, que se mezclan con problemas que alteran la buena convivencia familiar, como son la precariedad de los trabajos, la escasez monetaria, una salud deficiente, una larga enfermedad, una muerte y, en casos extremos, los malos tratos y los abusos.

La inestabilidad, las privaciones y la carencia de afecto, harán que el niño adopte un talante desconfiado, dubitativo y temeroso.

La permisividad, el exceso de mimos y la falta de límites crearán seres egoístas e insolidarios, de muy difícil convivencia.

Las actitudes negativas y las experiencias traumáticas afectan al desarrollo del cerebro y predisponen a padecer en el futuro ansiedad, hipersensibilidad, depresión y reacciones exageradas en situaciones de poco estrés. Los niños son los mayores receptores de todo lo positivo y de todo lo desagradable que ocurre en la familia.

Muchas veces, los padres u otros adultos significativos, presos de estados emocionales agitados, repiten frecuentemente a los niños frases despectivas y traumatizantes, que se clavan irremediablemente y para siempre en su corazón. Son muchos los que han oído infinidad de veces, y aún les duelen al oírlas, algunas de las siguientes expresiones:

¡Eres malo!	¡Cállate ya!
¡Niña tenías que ser!	¡Qué terco eres!
¡Lo haces todo el revés!	¡No quiero oírte más!
¡Eres un vago!	¡Lo estropeas todo!
¡Eres insoportable!	¡No vas a cambiar nunca!
¡Quédate quieto!	¡No te soporto!
¡Eres sucio y feo!	¡Muévete ya!
¡No te quiero!	¡Siempre molestas!
¡Desaparece de mi vista!	¡Todo lo pierdes!

¡Te voy a dar! ¡Vete lejos!

¡Sólo das disgustos! ¡No haces nada bien!

¡Eres un desastre! ¡Voy a matarte!

Hay algunas que se pronuncian "para el bien del niño", con la intención de estimularle:

¡Debes de ser el primero! ¡Has de ser el más fuerte!

¡Debes hacer más! ¡Debes ganar siempre!

¡Quiero que seas el mejor! ¡No te rindas, tú puedes!

¡No acepto una derrota! ¡Pagarás caro un fracaso!

¡Debes luchar! ¡Vence siempre!

¡Cuánta angustia han creado los "nunca", los "siempre", los "solo", los "debes" y sobre todo los repetidos "no" y los terribles "eres" que encogen y anulan el verdadero ser llevando a la aceptación dolorosa y callada de una evidencia impuesta!

Llegamos a convencernos de que somos esos sentimientos negativos: soy malo, soy incapaz, soy un desastre, debo luchar siempre, no merezco cariño, nadie me quiere, nunca podré, estoy sólo, nadie me entiende, sólo soy una niña, soy feo... Pero tenemos que vivir, mal vivir o sobrevivir y ese "eres" tan repetido hace su vida autónoma que decide y obra en consecuencia. Esos conceptos son falsas ideas, pensamientos limitantes sobre nuestra forma de ser. Podemos llamarlos "mentiras personales". Todos hemos aceptado nuestras propias "mentiras personales": creemos que somos lo que nos han dicho. Estas deducciones dolorosas se unen a las deducciones negativas que creamos al reaccionar a las circunstancias de nuestro nacimiento.

La decepción por no poder ser amados como somos se ha fijado en nuestro inconsciente para siempre y desde allí gobernará importantes parcelas de nuestra vida. Se ha ampliado el guión del nacimiento de tal manera que nos sentimos para siempre: incapaces, o feos, o resentidos, o humillados, o indecisos, u orgullosos, o huraños, o aprensivos, o conformistas... y nos comportamos como tales, en nuestras relaciones con los demás.

"Nunca digas a un niño que es algo, salvo lo que deseas que sea". Es una frase que los padres y los educadores deberíamos tener en cuenta siempre.

Todos vamos marcados por las actitudes de nuestros padres y superiores que, aunque pretendieran educarnos bien, en el mundo infantil, ese bien puede ser percibido como una gran injusticia.

Sabemos que somos víctimas de víctimas; nuestros padres y nuestros superiores nos criaron como pudieron: ellos también eran seres sufrientes que actuaban constreñidos por sus patrones y sus máscaras. Todos estamos llenos de resentimiento, dolor y rabia, aunque no lo reconozcamos.

¿Sentimos que se negaban a oír nuestros llantos, o nuestros gritos o nuestras quejas o nuestros temores o nuestros desfallecimientos? "Deja de incordiar", "no quiero oírte más", "no acepto un no", "es así porque lo digo yo", "cállate y desaparece".

Si ahora tú eres padre y te das cuenta de que repites esas frases que tú oíste a tus padres, toma conciencia del dolor que te causaron y podrás cambiarlas. "Ven cuéntame qué te pasa", "estoy contigo: puedes dejar de llorar", "explícamelo, pues no comprendo qué quieres decir".

Si nos quejamos de que los jóvenes "pasan de todo", veamos si, quizás antes, nosotros, inmersos en nuestros trabajos o problemas, "pasamos" de escucharles a ellos. Es fundamental dialogar mucho y aclarar las situaciones confusas.

Lo importante es que entre padres e hijos haya mucho amor, cariño auténtico, una cierta autoridad y una justa tolerancia, dentro de unos límites bien establecidos y consensuados entre la pareja. Es aconsejable no romper las pautas unilateralmente, para no aturdir y confundir al niño que no comprenderá la situación, creando en su personalidad inmadura una profunda huella de desequilibrio emocional.

La falta de límites puede crear seres egoístas y desconsiderados a los que coloquialmente llamamos "echados a peder". Educar no es ejercer una estricta severidad ni consentir.

Consintiendo excesivamente los caprichos compulsivos del niño, se malogra la convivencia espontánea y plácida de la familia. El que consiente, suele hacerlo por sobrecompensación inconsciente; es una forma de disculparse por su incapacidad para dar un genuino amor sereno y maduro. Los niños que se dan cuenta de la carga emocional de todo lo que observan, sienten la escasa calidad de ese supuesto afecto, aunque vaya envuelto en exageradas demostraciones de amor. Instintivamente lo rechazan y se vuelven desconsiderados.

Los consentidores son los adultos que tienen aún sus heridas infantiles abiertas por el dolor de haber sufrido una importante falta de amor, aunque no sean conscientes de ello.

En el otro extremo, se sitúa el comportamiento muy severo y estricto por parte de los padres. Eso impide el desarrollo armónico de la personalidad del niño, creando sentimientos de rabia y resentimiento que se esconden tras caracteres adustos, propensos alternativamente al sometimiento o a la rebelión

El niño necesita amor, necesita que estemos a su lado, o sea, que le dediquemos nuestro tiempo, le prestemos atención y escuchemos sus necesidades. Él necesita saber que nos importa. No sirve de nada estar con él malhumorados y nerviosos, pensando que es nuestra obligación cuidar de él.

El niño reconoce nuestra autenticidad mejor que nosotros mismos. Sabe muy bien que dedicamos nuestro tiempo a lo que es importante para nosotros y, si pasamos muchas horas, por ejemplo en nuestro trabajo, sabe que eso es, para nosotros, más importante que él.

Las experiencias de amor, de ternura, de entrega, de cariño, de comprensión, de ayuda, de interés, de apoyo, que también hemos experimentado, son como los rayos vivificadores del sol que nutren, iluminan y caldean el interior de nuestros corazones. A su vez, permiten que existan la sinceridad, la voluntad, el altruismo, el perdón, la alegría, la ayuda, la amistad, el amor, la entrega, el interés y la empatía.

Si las experiencias positivas, logran superar y diluir los guiones limitantes podremos experimentar más fácilmente las tres potencialidades básicas imprescindibles para llegar a disfrutar de la vida:

- La capacidad de apertura, para poder dar y recibir amor a nosotros mismos y a los demás.

- La capacidad de entendimiento, para poder comprendernos a nosotros mismos, a los demás y al mundo en general.

- La capacidad de ser "como niños", para poder retener el afán de asombro, de búsqueda, de disfrute, de aventura y de espontaneidad.

Si poseemos y ejercitamos esas capacidades, podemos neutralizar nuestros traumas mucho más fácilmente.

Pero si a un niño se le anulan sus potencialidades, si se le quiebra la voluntad; si se le maltrata, probablemente se convertirá en un adulto maltratador y, si es tratado con crueldad, se convertirá en un adulto cruel. Generalmente, de adulto repetirá el patrón de sus mayores, pues, aunque le causó dolor, es con el que está más familiarizado y, al sentir el peligro del rechazo, de la falta de amor o de la fría soledad, reaccionará violentamente, para atacar y salir de la sensación de impotencia que tanto dolor le causó. Hasta un feroz asesino esconde un niño desvalido y horrorizado por su propia experiencia de sufrimiento.

La vida familiar será muy difícil para los que viven cerca de los que fueron niños muy maltratados, pues la rueda de fracasos, enfados, decepciones, insultos y peleas que generan pueden crear situaciones de difícil solución.

Personalmente, no creo que las cárceles, el aislamiento y los castigos puedan solucionar esos cuadros de sufrimiento de los agresores y de las víctimas. Siento que la culpa y el rechazo no solucionan nada. La solución pasa por parar esa rueda de odio que engulle a padres e hijos y a los hijos de sus hijos... Quizás un día, la importancia de la disolución de la cadena de patrones familiares negativos sea comprendida por quienes tengan el poder de cambiar la ignorancia en comprensión, la separación en atención, el castigo en aliento, y la acusación en la ayuda correcta para reconocer las profundas heridas y poder sanarlas.

Si somos unos padres responsables y amorosos, no tenemos que culpabilizarnos ni preocuparnos excesivamente en no crear traumas a nuestros hijos. En nuestro trato con ellos, dejemos que en cada momento nos guíe nuestro corazón. Ellos distinguen nítidamente los sentimientos auténticos.

A pesar de los inevitables desconciertos que les produzcan nuestras acciones, lo que más desean es ser queridos por lo que son, y sentirse importantes por el sólo hecho de ser nuestros hijos.

Independientemente de nuestras acciones, los niños se traumatizan por la forma en que ellos perciben el trasfondo emocional de nuestros actos, inducidos por sus karmas y por la fuerza del patrón incorporado a su psique durante el embarazo y el momento de nacer.

Los padres tenemos la responsabilidad de darles una guía adecuada y seguridad emocional para que nuestros hijos tengan unas buenas raíces que les anclen en la vida y unas flexibles alas para que puedan volar. Si les amamos auténticamente, nunca quebraremos su voluntad ni les consentiremos en exceso.

Si como padres tenemos una actitud optimista ante la vida, nos será más fácil transmitir a nuestros hijos un sentimiento ecuánime y sensato de la realidad, una valoración más positiva de sí mismos y un talante sociable y comunicativo que ellos pronto imitarán. A su vez, podrán tener unas estrategias más flexibles para buscar alternativas a los conflictos con que se deberán enfrentar.

Como colofón de lujo a este capítulo, creo oportuno reproducir aquí el párrafo "Sobre los hijos", del libro "El Profeta" escrito por Kahlil Gibran:

Tus hijos no son tus hijos.

Son los hijos e hijas de la vida

deseosa de perpetuarse.

Vienen a través de ti pero no de ti,

y aunque estén contigo… no te pertenecen.

Puedes alojar sus cuerpos pero no sus almas,

pues sus almas viven en la casa del mañana.

Puedes esforzarte por ser como ellos,

pero no pretendas hacer que ellos sean como tú.

Porque la vida no va hacia atrás

ni se entretiene con el ayer.

Tú eres el arco desde el cual tus hijos

son lanzados como flechas vivientes.

MI NIÑEZ

Dos años después de nacer yo, nació mi hermana y, dos años más tarde, nació por fin el ansiado varón, al que le pusieron el nombre de nuestro padre y de su primer niño.

Como que la familia había aumentado, mis padres decidieron que nos trasladásemos a un piso más grande y a mí, que me faltaban unos meses para cumplir los cinco años, me sacaron del protector ambiente familiar y me mandaron al colegio en régimen de media pensión.

Casi siempre me negaba a comer y me dejaban sola llorando en la sala de visitas para que no molestara a las otras niñas que comían en el refectorio. A la frustración y los celos que sentía, se les unió un fuerte sentimiento de soledad e incomprensión. Aún recuerdo los interminables llantos cotidianos en mi primer año de asistencia a aquel colegio.

Después, durante mucho tiempo protesté sistemáticamente por todo lo que me daban de comer.

Si una niña de las que consideraba mimadas explicaba una anécdota que todas escuchaban atentas, yo me mantenía escéptica. Para fastidiarlas, a veces mentía y contaba mi éxito en algún partido inexistente. Reclamaba reconocimiento y atención desde la distorsión.

Mamá tocaba muy bien el piano y deseaba que nosotros sintiéramos amor por la música, pero yo nunca podía interpretar sin errores aquellas fáciles melodías. Eran muchos los pequeños sucesos cotidianos que me herían o me frustraban. Y yo reaccionaba protestando por todo, llorando y refunfuñando. Tenían razón: yo era muy rara, incordiante y rebelde; ellos lo decían, yo les creía y sentía que lo era.

En el corazón de mis padres, existió siempre el temor de que a mis hermanos y a mí nos sucediera "algo malo". Su hondo dolor y su miedo a reexperimentarlo, hizo que nos limitaran los deportes y muchos juegos normales para otros niños; eso me fastidiaba muchísimo. Con la terapia de Joana Serrano, descubrí que ese miedo suyo me pesaba como una terrible y dura losa que aumentó considerablemente mis iniciales frustraciones. Con mi permanente descontento, trataba inconscientemente de obtener comprensión y mostrar la profunda rabia que sentía.

El amor, que a pesar de todo, me brindaron mis padres permitió que en mí florecieran las potencialidades básicas que aun hoy me permiten experimentar el afán de búsqueda, de apertura, de entendimiento y de disfrute.

EL ORDEN DE NACIMIENTO

Tememos ya algunas pistas para poder responder a las preguntas "¿Por qué soy así? ¿Por qué no puedo disfrutar de la vida?". Ahora seguiremos ahondando en el tema, al revisar los patrones de conducta que creamos, según haya sido nuestro orden de nacimiento.

Son muchas las problemáticas familiares que influyen en nuestro desarrollo, pero nuestra posición en el orden de nacimiento entre los hermanos afectará profundamente la perspectiva que adquiramos para afrontar los desafíos que nos proporcionan las relaciones con la pareja, con los compañeros de trabajo, con los amigos y con los desconocidos.

La combinación de los sexos de los hermanos, la diferencia de edad y nuestra posición ordinal entre ellos, nos dan muchas pistas para comprender mejor la forma de relacionarnos en nuestra vida de adultos. Igual que en "los tipos de nacimiento", los comentarios que siguen son simplificaciones de las características que suelen derivarse del orden de los nacimientos de los hermanos y son sólo una parte de los problemas familiares que van a influir en nuestra evolución como personas. No son trivializaciones, sino certeras observaciones que nos ayudarán a comprender la importancia que tiene el orden de nuestro nacimiento.

Cada uno de nosotros, si no hubiéramos tenido los hermanos que tenemos, no habríamos llegado a ser las personas que somos. El hecho de no tener hermanos es también una experiencia que marca por su singularidad.

Solemos extrañarnos de que personas pertenecientes a una misma familia puedan ser muy diferentes. Pero cada hijo, cada hermano nace en un entorno diferente dentro de la misma familia.

El primer hijo nace en una familia donde no hay otro niño a quien criar, con las peculiaridades, ventajas e inconvenientes que este hecho conlleva.

El segundo hijo es recibido en el seno de una familia donde hay otro niño que reclama atención y espacio; por lo tanto, el entorno ha cambiado: no es "el mismo tipo de familia".

Otro aspecto que tiene una gran influencia es el sexo del nuevo bebé. ¿Hay ya un hijo del mismo sexo en la casa? ¿Querían un niño si ya tenían una niña? No es lo mismo nacer el tercero de dos varones que nacer varón después de dos niñas.

La familia que acoge a un bebé no es exactamente la misma que acoge a otro; hay determinantes que pueden haber cambiado, como es el grado de felicidad y entendimiento entre los padres, su satisfacción personal, su edad, su salud o su perspectiva laboral. Según sean estos condicionantes, será diferente la forma de reaccionar ante la presencia de un nuevo bebé. La atmósfera emocional del hogar deja su impronta en todos los actos que se realizan en él y puede alterarse también por el momento político que atraviesa el país, por la fuerza que tengan las autoridades religiosas, o por la influencia de antiguas costumbres muy arraigadas en la zona donde habita la familia.

Generalmente, se adjudica a los padres la culpa o el mérito del carácter de sus hijos, pero no debemos olvidar el papel que desempeñan los hermanos, ya que también es muy importante. A los 6 ó 7 años, los rasgos de identidad que van a caracterizarnos ya suelen estar bastante definidos. Por lo tanto, las primeras experiencias con los hermanos, influyen en cada uno de nosotros mucho más que las influencias posteriores que provienen de la escuela, el club o los amigos. La razón de nuestra preferencia por ir con una pandilla y no otra, nuestra actitud dentro del grupo o la tendencia a la soledad, tienen su raíz en el trato y la relación que hemos tenido con los hermanos.

Las percepciones que tenemos, cuando somos niños, de nosotros mismos, de los demás y de lo que ocurre cuando nos relacionamos con otros, sentarán las bases de nuestro desarrollo como adultos sociables y crearán los guiones de comportamiento relacional en nuestra vida adulta.

Lo percibido en la niñez siempre deja huella, independientemente de que las emociones que experimentamos sean compartidas o no por los que nos rodean. Una frase aislada no crea comportamiento, pero las frases se acumulan, las opiniones se suman y las experiencias repetidas pesan mucho más de lo que parece.

Todos necesitamos cultivar una identidad que nos distinga para manejarnos en el mundo y deseamos que ésta goce del apoyo, el reconocimiento y la aceptación de los nuestros. La afirmación propia entre los hermanos suele pasar por encontrar cada cual unas preferencias y unos rasgos característicos que lo distingan de los demás.

Instintivamente, lo primero que generalmente preguntamos, cuando una pareja nos anuncia la llegada de un hijo, es "¿es niño o niña?" Lo hacemos incluso ahora que presumimos de ser un país que reconoce la igualdad de los sexos. La idea que tenemos sobre la forma de tratarle es diferente si es niño o niña; ya no digamos cómo influye el sexo, si uno o los dos padres deseaban que fuera del sexo que no es.

El primer hijo tiende a identificarse, mejor que los otros, con los valores que tienen los padres, y suele esforzarse para ser lo que ellos desean.

Al segundo, si es del mismo sexo que el primero, se le hace difícil competir con éste, aunque sólo sea por la desventaja del tiempo de experimentación.

Probablemente, aprenderá a abrirse nuevos caminos, buscará otras salidas a los conflictos e intentará comportarse de forma diferente y desarrollar unas aptitudes que el mayor no posee. Si los padres valoran mucho el comportamiento del primer hijo y le consideran "un niño muy bueno", el siguiente hijo del mismo sexo tendrá muchos problemas para mejorar las expectativas de los padres; por lo que, para conseguir su atención y reconocimiento, quizás se las arreglará para ser "muy bueno" en demostrar que "es malo".

Los hermanos pequeños suelen definirse en función del terreno no ocupado por los otros. Los hermanos gemelos univitelinos que fueron separados al nacer y criados en familias diferentes, se asemejan más en su personalidad y sus costumbres que aquellos que, criados juntos y vestidos iguales, tuvieron que encontrar la manera de ser diferentes el uno del otro.

Un niño nacido en una familia de sólo niños varones, verá el mundo de manera diferente de cómo lo verá un niño nacido en una familia llena de niñas. El sexo de los hermanos es un factor determinante en la forma de encarar las posteriores relaciones de pareja.

Los niños aprenden pronto a usar su posición entre los hermanos para sacar ventaja de ella. El mayor tiende a destacar su superior destreza, para que los padres lo aprueben. El menor suele exagerar su debilidad, para que le presten atención y le mimen.

Cuando en una terapia familiar, los padres se percatan de lo que sentían sus hijos ante una reacción suya, se extrañan de que el hijo que funcionaba con una coraza de hosco y poco dado a las caricias era el que más deseaba sus demostraciones de afecto. Las corazas que adoptamos nos alejan de nuestros verdaderos sentimientos, pero las usamos para insensibilizarnos del sufrimiento que nos causa el dolor que sentimos.

Carl Jung dijo: "el pequeño mundo de la niñez con su ámbito familiar es el modelo del mundo más grande. Cuanto mayor sea la intensidad del sello impuesto, más percibirá su primer mundo en su vida adulta; naturalmente no es un proceso intelectual ni consciente".

La convicción inconsciente de que nuestro estilo de vida es el correcto sigue existiendo en nuestro interior, aunque nos disguste nuestra familia de origen. Es curioso observar que tal vez no nos guste cómo nos criaron, pero es la forma a la que estamos acostumbrados y, en general, con nuestros hijos volveremos a reproducir ese estilo de crianza.

Esa tendencia explica por qué muchas mujeres maltratadas por su padre en su niñez, sean luego maltratadas en su matrimonio. Ellas no buscaron expresamente un tipo de hombre déspota que las agraviaran, pero, como él era del patrón masculino al que estaban acostumbradas, fue el hombre con quien se sintieron a gusto cuando lo conocieron, lo trataron y decidieron casarse. Ese hombre actuó luego como su padre, pues seguía su mismo patrón de conducta.

Algunas experiencias que vivimos, algunas cosas que nos ocurren de adultos son repetición de lo que pasó en nuestra niñez y reaccionamos inconscientemente a ellas igual que lo hicimos de niños en situaciones semejantes. Hay numerosos ejemplos que nos lo confirman: Si un niño tuvo una madre y una abuela sobreprotectoras y posesivas que lo atosigaban, puede reaccionar mal, hasta con cierto resentimiento, cuando una jefa en el trabajo le pregunte con interés si está mejor de su gripe o si ha comprendido bien los nuevos listados. La actitud de interés de su superior femenino hacia él, puede despertarle la incomodidad que sentía de adolescente, cuando dos mujeres mayores le manipularon y se entrometieron demasiado en su vida. Él no está reaccionando objetivamente al interés demostrado por esa mujer; la actitud de ella le remueve un lejano rencor, sepultado en su inconsciente y que envenena la respuesta emocional lógica de un adulto ante esa situación.

Las expresiones del tipo ¡no entiendo a los hombres!, ¡cómo son las mujeres!, generalmente, son pronunciadas por mujeres u hombres que no tuvieron en casa hermanos del sexo opuesto y la figura del progenitor de ese sexo no tuvo una especial relevancia, al quedar desdibujada por la presencia mayoritaria de familiares del propio sexo. En la edad adulta, las reacciones o las actitudes del otro sexo siguen siendo un misterio pues, al no haber compartido la infancia con ellos, no tienen la experiencia de haber interactuado con naturalidad en la edad en la que todo marca y deja huella.

En el mundo de la pareja, se suelen reflejar bien las consecuencias de las posiciones de orden entre los hermanos y las experiencias habidas o no con el sexo opuesto, al tratar de comprender al otro.

A veces, vemos parejas que, a pesar de los vaivenes a los que les somete la vida, siguen funcionando bien a través de los años. Una razón que puede ayudar a comprenderlo es que sus respectivos órdenes de nacimiento combinan bien, o sea, que se aproximan mucho a la disposición de sexo y edad a la que estuvieron acostumbrados en su infancia.

Por ejemplo, un hermano mayor de una chica hace buena pareja con una chica que sea hermana menor de un chico, pues saben cómo actuar con el otro, creando una relación en la que los dos se complementan bien.

En cambio, si esa misma mujer se empareja con un hombre que sea hermano menor, podría encontrar que él no satisface sus expectativas y se sentiría poco atendida. No funcionaría tan favorablemente como en el caso anterior.

Una pareja que pronostica posibles conflictos es la formada por un hermano mayor de chicos y una hermana mayor de chicas. Los dos están acostumbrados a tener un cierto control y a actuar con autoridad; ninguno de los dos tiene la experiencia de convivir en relación de igualdad con alguien del otro sexo. Al conocerse, es posible que simpaticen rápidamente y, en el comienzo de la relación, crean que tienen gustos afines. Pero, al vivir juntos un cierto tiempo, aparecerán las inevitables discusiones por llevar el mando en la relación. Serán siempre mejores amigos que pareja.

Parece que, cuanto más ricas hayan sido nuestras experiencias en la niñez, más abiertos estaremos a la adaptación y a la comprensión de lo que se nos presente en la vida adulta.

Podemos ser hijos mayores, medianos o menores, pero podemos dejar de ser esclavos de ocultas ideas limitantes que nos alejan de la felicidad, si logramos reconocerlas.

Somos capaces de hacernos conscientes de lo que dificulta nuestro desarrollo, lo que perturba la relación con la pareja y lo que trastorna la integración en el trabajo, en la amistad o en la sociedad. Si descubrimos qué es lo que nos lleva a una vida de confusión o de sufrimiento y nos hacemos conscientes que se trata sólo de un pensamiento fosilizado, nos será más fácil dejar de reproducir los patrones adquiridos y cambiar el punto de referencia que estábamos usando.

Hay características, en cada orden de nacimiento, que son muy útiles y nos facilitan la vida. Podemos también hacernos conscientes de ellas, conservarlas, usarlas y potenciarlas.

Nada en la vida es superfluo o innecesario, ni bueno ni malo. Todo nos ocurre para que lo aprovechemos y para que sepamos descifrar los beneficios que indudablemente nos ofrece.

LOS HIJOS ÚNICOS

El hijo único es el receptor exclusivo del cariño, la atención y el interés de los padres. Pero también son sólo para él sus expectativas y sus exigencias.

Si los padres sufrieron frustraciones en etapas anteriores de su vida, desearán superar en esa criatura sus sueños de realización y de éxito.

Todo lo que los padres quisieron y no pudieron decir, hacer, tener o disfrutar, procurarán que lo tenga, haga y disfrute, ese hijo que es el único receptor de su cariño y sus expectativas. Sin embargo, con esos propósitos pueden distorsionar muy fácilmente la voluntad y las apetencias de ese ser en formación.

Los hijos únicos no han tenido el enriquecedor contacto con iguales en el seno familiar y les costará siempre compartir su espacio y sus pertenencias. Suelen encontrarse a disgusto con parejas, amigos o compañeros que hayan nacido los primeros en sus familias, o sea, que actúen con ellos como hermanos mayores y quieran imponerles su criterio. A su vez, desconfían mucho de los que son ordinalmente hermanos menores, porque les pasan la responsabilidad de tomar las decisiones difíciles. Ambas actitudes les incomodan y sabrán escaquearse o desaparecer cuando la situación no les sea favorable, confirmando el dicho popular: "el mejor amigo del hijo único es él mismo".

A pesar de sus especiales características, las reacciones y los sentimientos aquí expuestos estarán muy matizados o neutralizados, si tuvieron la suerte de recibir un adecuado amor maduro de unos progenitores centrados y cariñosos que disfrutaban de estabilidad y armonía en su hogar.

Estos niños no han tenido la ocasión de observar de cerca y colaborar en la crianza de otro hermano, por lo que es probable que se sientan muy abrumados con la responsabilidad de criar sus propios hijos.

Los hijos únicos tienen muchas características de los hijos mayores, pero se diferencian de éstos porque, de adultos, pueden seguir teniendo reacciones un tanto infantiles, ya que les faltó el ejercicio natural de maduración que se adquiere en la convivencia continuada con otros iguales en el hogar.

Al haber tenido menos oportunidades de medirse diariamente al jugar, o al aceptar bromas de otros niños en la intimidad de la casa familiar, suelen ser menos juguetones y les desagrada participar en juegos de equipo.

En general, son listos y precoces; de pequeños, frecuentemente actúan como adultos en miniatura.

Tienden a competir con el progenitor del mismo sexo para lograr la atención y el afecto del otro progenitor y con frecuencia ganan, pues el encanto de una criatura es una baza importante y lo es más si en la pareja hay problemas.

Algunos investigadores sostienen que el comportamiento incestuoso está más difundido en las familias de un solo hijo. Un varón hijo único pasa con la madre más tiempo que el propio padre y puede convertirse en el hombre de la familia y seguir toda la vida apegado a las faldas de su madre o tener una gran dependencia de ella. La hija única puede convertirse en la muñequita de papá y las caricias de él pueden perturbarla cuando se vayan despertando sus tempranos instintos sexuales.

A los hijos únicos les gusta destacar y que se les reconozca su valía porque, al no haber tenido otros niños por los que preocuparse, ellos se convirtieron pronto en el foco de atención alrededor del cual giraba el mundo de los adultos.

Si los padres tienen estabilidad emocional, ese hijo será el receptor de la seguridad y la satisfacción que reina en el hogar y siempre esperará que la vida le ofrezca muchas satisfacciones y seguramente las obtendrá. Aunque la familia no tenga un alto poder adquisitivo, ellos son los únicos beneficiarios de los pocos o muchos recursos de los que puedan disponer, teniendo más y mejores juguetes que otros niños de su entorno, e incluso, de adultos tienen la ventaja de no tener que compartir su herencia.

Si se les consintieron sus caprichos, tendrán los límites de actuación muy difusos. No suelen ser derrochadores ni codiciosos; sus necesidades siempre han sido adecuadamente satisfechas y no han desarrollado la ansiedad por querer tener más que los otros para demostrar que tienen.

Como los padres prevén que no tendrán otra posibilidad para repetir la paternidad, quieren demostrar en ellos su capacidad para dar una buena educación. En la edad escolar, quizás les atosiguen para que cumplan todo lo que creen importante y les exigen que hagan bien sus tareas, desesperándose si no lo consiguen.

Ellos, como sólo pueden compararse con sus padres, tienen la impresión que éstos hacen las cosas de forma perfecta y se empeñan en cumplir sus obligaciones de manera demasiado elaborada al tratar de hacerlas "perfectas". El perfeccionismo es bastante común en los hijos únicos, pues es ante todo una manera de retar a los padres para evitar que se interfieran en sus propias creaciones. Todo suelen hacerlo a su manera, aceptando muy mal una derrota o una crítica. A veces, rechazan los consejos y las ayudas para tratar de encontrar ellos mismos su propia satisfacción.

Esa ansia perfeccionista les lleva a dar drásticos cambios de rumbo si no logran el éxito; no son conscientes de que, tras los logros de los otros niños, existen innumerables intentos y parciales fracasos, que con el tiempo han llegado a poder superar.

Es probable que no practiquen deportes grupales ni tengan interés en eventos sociales, a no ser que ocupen en ellos la posición del líder o del homenajeado.

En su vida de adultos, los hijos únicos son los que con más probabilidad permanecerán solteros o tendrán varias relaciones de pareja estable. Su patrón de conducta en la casa familiar era observar que los padres solucionaban siempre sus necesidades básicas y, al mismo tiempo, ellos lograban salirse con la suya; y eso será lo que esperarán de su pareja: que les facilite la vida sin pedir gran cosa a cambio y esa actitud no facilita una larga convivencia flexible y armoniosa.

Es probable que sean padres bondadosos y rectos, aunque, en algunos casos, serán algo posesivos e indiferentes a la seguridad emocional de sus hijos; les impondrán órdenes que se basarán en evitarles a ellos mismos los inconvenientes, en vez de pensarlas para el bien de sus hijos. El ruido y el desorden natural que encontrarán en su casa, si tienen varios hijos, les impacientará y buscarán aficiones o trabajos que les dejen poco tiempo para responsabilizarse de sus hijos, su familia y su hogar, de los que sin embargo se mostrarán siempre muy orgullosos.

Pueden reaccionar airadamente si alguien intenta usurparles el poder en su casa o se entromete en la educación de sus hijos, llegando al colmo de la desesperación si un amigo o amiga les quita su pareja.

Necesitan la seguridad de un matrimonio, donde ejercer su papel de rey o reina de la casa, en la que suelen defender claramente sus derechos y exigencias, costándoles aceptar las de los demás.

La pérdida de sus padres será para ellos una experiencia muy dura, aunque éstos nunca hayan sido su primera preocupación. En los casos en que fueron muy consentidos, acabarán sintiendo como una carga la vejez de sus progenitores. Y en su defunción, por encima de su dolor, aparecerá el desconcierto por no saber cómo se las arreglarán sin ellos.

Suelen ser inteligentes y competentes. Triunfan en su trabajo si reciben muestras de reconocimiento y se sienten respaldados. Trabajarán mejor si no tienen que ocuparse en contentar a otros en un proyecto o en un trabajo en equipo; les gustará más un trabajo autónomo e independiente.

Reconocerán que una terapia puede ayudarles a mejorar su vida, pero buscarán en el terapeuta un adulto que se haga cargo de sus problemas. La finalidad de la terapia es responsabilizarse uno mismo y, si tienen un alto sentido narcisista de la vida, probablemente la abandonarán al sentir la decepción por no sentirse suficientemente cuidados y apoyados.

Para obtener su integración satisfactoria en la sociedad, deberán abrir su corazón, amar incondicionalmente, comprenderse ellos mismos y comprender también la riqueza de la infinita gama de situaciones ajenas, eso les brindará la posibilidad de desarrollar sus naturales e indudables cualidades. Esa apertura de sentimientos es la que les podrá llevar a flexibilizar su punto de vista, cuidar con amor a los demás, brindarles un sincero afecto y desarrollar sus grandes capacidades para llegar al triunfo personal verdadero que tanto anhelan y que, si no salen de su peculiar guión de conducta, tanto les costará obtener.

DEJAR DE SER ÚNICO

La naturaleza es espléndida, la vida se multiplica constantemente a través de infinitas especies, adoptando innumerables formas y características. La época fértil de una mujer dura unos treinta y cinco años, y engendrar en tantos años un solo hijo no es el propósito natural de la maternidad. En los países poco industrializados, las mujeres continúan siguiendo el dictamen atávico de perpetuar la especie y tienen muchos hijos; eso sigue ocurriendo aunque emigren a los países de occidente, donde la natalidad autóctona ha disminuido muchísimo.

Ahora, nuestro planeta sufre ya de superpoblación. Con anterioridad, debían tener muchos hijos para que bastantes de ellos pudieran sobrevivir, ya que la mortalidad infantil era muy alta. En la actualidad, las vacunas, los antibióticos, las incubadoras y los adelantos médicos hacen que ésta haya casi desaparecido, por lo que parece que no es necesario tener tantos hijos.

Podemos usar medidas anticonceptivas para regular a voluntad el número de hijos que deseamos tener. Ese ha sido un espléndido triunfo de la ciencia sobre la naturaleza, lo que ha permitido abrir una nueva senda de realización a millones de mujeres. Su eficacia innovadora nos ha hecho más libres, pero lo importante en ése y en los demás logros humanos no es el invento en sí, sino el uso positivo o negativo que le demos.

La organización actual de una sociedad industrializada y consumista ha permitido que muchos adelantos y bienes puedan ser gozados por casi todos los habitantes de todas las clases sociales. Eso se ha logrado trabajando todos, ganando dinero y gastándolo luego. Hay que hacer funcionar esa rueda. Hay que pagar un precio para beneficiarse del estado del bienestar. Ese tipo de vida nos ha alejado de la naturaleza y de sus ritmos; no dejemos que nos cierre el corazón e inhiba nuestros deseos de dar amor.

Ahora podemos controlar el impulso innato por perpetuar la especie, pero ¿en nombre de qué lo hacemos? El estatus logrado demanda su mantenimiento, las presiones mediáticas invaden nuestro mundo, la excelencia material y corporal parece que se ha convertido en el supremo objetivo.

Controlar el número de hijos, ¿es fruto de un convencido acto de madurez?, ¿La pareja siente que su contribución personal es suficiente y adecuada? O ¿es el fruto inmaduro del egoísmo, del sometimiento a la rueda consumista, del miedo al gasto que supone? O ¿es el temor a perder un cierto grado de bienestar o de libertad? ¿Prefieren la propia realización en un trabajo que se considera primordial? ¿Qué es lo que prima sobre los dictados naturales de entrega y amor?

La razón por la que el hijo se queda toda su vida como "único", es la que marca el devenir de su niñez. ¿Qué es lo que prevalecía en su familia? ¿El valor del bienestar conseguido? ¿La decepción producida por una infertilidad posterior contra la que se estuvo luchado? ¿El temor de la madre a quedar relegada en el trabajo conseguido? ¿La rebelión interna por no poder realizarse después de largos años de estudio? ¿La infelicidad de la pareja? ¿La inestabilidad de sus caracteres? ¿El temor a la precariedad laboral? Cualquiera que haya sido el motivo, ese es el que ese hijo único respirará en el ambiente de su hogar. Ese, que no es mejor ni peor que otro, es el catalizador de su experiencia vital; en ese ambiente se irá desenvolviendo.

Según recientes estudios, parece que la mejor época para dejar de ser hijo único es, más o menos, antes de los 18 ó 20 meses y después de los 5 años. La sabia naturaleza hace que antes de 11 meses sea imposible tener otro hijo. Alrededor del año y medio de vida, el bebé alcanza su autonomía motora al poder ponerse de pie y andar libremente para lograr ir en la dirección que él desea o ir donde su curiosidad le lleve.

Los brazos de mamá dejan de ser imprescindibles, aunque su vigilancia y atención tengan que multiplicarse hasta lo indecible.

Lo que sucede antes de ese momento queda englobado bajo el manto protector de la proximidad, el cuidado y el cariño de sus padres. Eso nos ha llevado a creer que la aparición del nuevo hermano es menos traumática si sucede antes de que él tome posesión de la totalidad del espacio donde habita. En ese espacio hay muchas cosas y, entre ellas, otro niño, con toda naturalidad.

A partir de los cinco años, el niño supera otro gran hito en su evolución: empieza a vislumbrar el mundo de los adultos. Aprende el significado de las letras y los números, él disfruta focalizando su atención en esos nuevos logros. La escuela, los amigos y los deportes son las nuevas experiencias que empiezan a alejarle física y emocionalmente del círculo familiar; por eso creemos que es ése el otro momento adecuado para que en su casa aparezca un nuevo bebé. Él continúa necesitando atención y cariño, pero no vivirá con tanta proximidad el esfuerzo y la dedicación que ese nuevo ser demanda a sus padres. Se han encontrado esos parámetros de edad al tratar de buscar la forma más adecuada de alejar al niño de la experiencia frustrante de los celos, que no dejan de ser un sentimiento natural que aparece cuando se pierde la condición de ser el único receptor del amor.

Como seres adultos, ¿aceptaríamos la aparición en el seno del hogar de una nueva pareja más joven? Aunque no es lo mismo, podemos aceptar la similitud de la situación. Por mucho que nos lo explicaran antes, el hecho fundamental es la presencia física de alguien que antes no estaba, que demanda su espacio y desplaza la atención de los demás. A eso le podemos sumar el cambio que sufren las demostraciones de amor y de interés, porque ahora tienen que compartirse. Los niños no lo entienden, aunque parezca que lo aceptan.

Durante los primeros meses, el nuevo bebé suele dormir mucho y quizá su presencia queda un tanto diluida metido en su cunita. La periodicidad de su lactancia, el interés que despiertan sus nuevos logros y sus cada vez más sonoros llantos hacen que la cabecita del mayor llegue a razonar así: "qué necesidad hay de tener ese bebé que no sirve para jugar e incordia mucho". Además, a veces, los papás le piden que no haga ruido para no despertarlo. Son muchos los que llegan a pedir que vayan a devolver ese niño al lugar donde estaba, porque se les está creando el sentimiento de que sus padres no están suficientemente contentos con él, ya que necesitan a otro mucho peor que lo desplaza de sus brazos.

El hijo mayor, aún pequeño, se siente confundido por esos cambios; lo que era de una forma, ahora es de otra; lo que hacía con lo que consideraba suyo, ha cambiado; los ritmos de la familia, ya no los marca él.

La mejor fórmula para que el primer hijo siga desarrollándose sin demasiadas angustias, celos y resentimientos, es tener una relación más cercana con su padre. Si en este tiempo, él puede estar física y emocionalmente más cercano y disponible para el mayor, éste podrá asimilar mejor el sentimiento de alejamiento de la mamá en beneficio del recién llegado. Si él ve que puede contar con el papá, que éste se hace 'cómplice' de sus juegos, que le saca a pasear y le cuida, podrá sentir que el amor no está perdido, sino que ha ganado una mayor atención del otro adulto que él considera de autoridad y poder.

LOS HIJOS MAYORES

El nacimiento del primer hijo suele ser siempre un hito importante en el ámbito familiar. Desde tiempos remotos y aún en la actualidad en muchos países, el colmo de la ilusión de una nueva pareja es que su primer hijo sea varón. Le suelen poner el mismo nombre que al padre, ya que él da continuidad al apellido familiar y asegura otra figura masculina que le suceda y garantice la permanencia de las propiedades en el tronco de la misma sangre. En algunas tradiciones antiguas el primer hijo era el que se ofrecía en sacrificio a los Dioses para aplacar su ira en tiempos de grandes dificultades. Era una aterradora ofrenda considerada como el supremo sacrificio.

El embarazo, nacimiento y crianza de este primer hijo están rodeados del asombro y las expectativas naturales. Son unas experiencias absolutamente novedosas para los padres, incluso para los abuelos, que quizás cambian con su llegada su condición familiar. Ya es común el hecho de que, del primer hijo, se guarden innumerables fotografías y recuerdos: de su primer baño, su primera sonrisa, de su primera papilla, su primer diente, sus primeros pasos...

El número de fotos queda drásticamente reducido a menos de la mitad, cuando se repasan los recuerdos del segundo hijo, sobre todo si es del mismo sexo.

En general, los padres primerizos desean esmerarse en su nuevo cometido y su misma expectación y su falta de experiencia son las que transforman sus buenas intenciones en dudosos resultados.

Encontrar el punto medio entre el amor y la sobreprotección, entre la atención y el temor; entre el estímulo y las elevadas exigencias, es siempre el mejor camino para que ese hijo pueda desarrollar en libertad sus innatas potencialidades.

A pesar de que él cumple las expectativas de la pareja y, aunque se cree entre los tres, una relación muy intensa, si van naciendo más hermanos, los padres favorecerán mucho más a los pequeños, aunque reciban menos atención y menos elogios.

Durante un tiempo, el hijo mayor es también el único receptor de sus cuidados y la llegada de otros hermanos provoca que él se esfuerce más en agradar a los padres para que no dejen de quererle. Siente que los intrusos que llegaron después lo han complicado todo, creándole un cierto resentimiento. Él quiere mantener a toda costa la atención de los padres que antes era toda suya. Sus papás ya le explican que va a llegar otro hermano, que jugará con él y que ha de quererle mucho. Pero en la vida, siempre, lo que realmente cuenta no es lo que a uno le dicen, sino lo que uno experimenta. Y adaptarse a competir es duro. Ahí, en esa competencia, se forma la personalidad de cada hijo según el lugar que ocupa en la familia.

En la casa donde el mayor reina, aparece un niño y luego, quizás, otros; al mayor se le exige un comportamiento más responsable: sus travesuras suelen ser juzgadas más severamente. A veces, resentido y molesto, intenta volver al comportamiento de bebé, rechazando la comida, lloriqueando más o teniendo terribles pataletas. Todo eso no suele arreglar nada, sino que hace que sus padres se enfaden con él. Por lo que, al fin, guardando muy hondo su despecho, intentará ganar la aprobación de los mayores esforzándose en ser "muy bueno", actuando como una "mujercita" o un "hombrecito", ayudando a cuidar a los pequeños y haciendo con bastante rapidez lo que los mayores le piden. Quiere conseguir de esa forma que lo amen más a él que a esos pequeños forasteros. Puede llegar a ser como una especie de segundo padre, o adulto en miniatura, renunciando a conseguir lo que quiere él para sí, anteponiendo a sus gustos lo que agrada a los padres; así se siente alabado y reconocido, aprendiendo pronto las ventajas que aportan la responsabilidad, el buen hacer, el empeño y el trabajo. Esas son unas características que, en general, suelen acompañar siempre a los hermanos mayores. Subsistir relativamente bien, frente a unos competidores más encantadores, les ha supuesto un gran ejercicio de superación.

Si logran ser apreciados por los logros que sus padres deseaban de ellos, hacen que las metas de sus padres se conviertan en las suyas; por eso, a veces, los mayores son los que más se parecen a los progenitores en su forma de encarar la vida, y tienden a continuar sus negocios, trabajos o carreras.

A medida que van creciendo los hermanos, crecen las exigencias para el mayor, ya que los otros suelen seguirle en sus travesuras o en sus juegos. Las frases "cuidado que ellos son pequeños", "has de ser más responsable", "no digas eso que los otros te imitan" se van clavando en su mente, ya mosqueada por la presencia de los "otros". Al llegar a la adolescencia, son frecuentes los casos de extrema rebeldía, de separación, de desinterés o de mal carácter. Es otra forma de lograr que se interesen por ellos, aunque sea haciéndoles sufrir. Es muy importante para los hijos mayores comprobar que no son rechazados u olvidados, como a veces temieron cuando la atención de los padres se vio absorbida por otros menos habilidosos que ellos.

Seguramente, serán buenos estudiantes o serán trabajadores concienzudos, más responsables y serios de lo que pueden llegar a ser los hermanos menores. A veces, parecerán arrogantes y mandones, pero así están buscando seguridad y atención. Los hijos mayores aceptan muy mal las críticas y sus propios errores; por eso pueden llegar a ser buenos y constantes investigadores, jefes responsables o mandatarios que no se amilanan ante un gran esfuerzo.

Hay, entre ellos, muchos altos cargos de organizaciones y de gobiernos, ya que son capaces de afrontar muchas responsabilidades y de liderar a otros. Como dato curioso, hemos comprobado que muchos astronautas y muchos presidentes de gobierno han sido hijos mayores. El discapacitado físicamente y, sin embargo, voluntarioso y genial físico Stephen Hawking también lo es. En la segunda guerra mundial, todos los altos mandatarios eran hijos primogénitos, hijos mayores: Churchill, Hitler, Hirohito y Mussolini; e hijos únicos: Stalin y Roosvelt.

Unidas a sus innegables ventajas, acarrean siempre como desventaja una muy lejana idea de falta de reconocimiento de sus valores y recelan de las aptitudes de los demás, por lo que suelen cargarse con tareas innecesarias por su falta de práctica y capacidad en pedir ayuda. "Los demás" continúan siendo un reflejo de los pequeños e inútiles intrusos que se colaron en su vida durante su infancia.

Los hijos mayores exigen demasiado de la vida y de los demás; suelen planear todo con anticipación y les gusta controlar. Pero quizás, por esa misma presión que les ha llegado a dominar, son extremadamente agradecidos cuando alguien de su entorno les hace una oferta desinteresada que les satisface enormemente, o reciben una colaboración inesperada y pulcra que les sorprende gratamente. O les planean, sin ellos saberlo, una fiesta o un viaje sorpresa que sale a la perfección. En estos casos, su agradecimiento es muy superior a lo que su forma de ser hacía prever; pero es lógico que un interés y un cariño que les cueste poco esfuerzo obtener, despierte en ellos un sentimiento insólito y poco común que les lleva a valorar muchísimo una demostración de amor e interés que no hayan tenido que trabajar demasiado.

Podríamos resumir diciéndoles que la vida puede ser más llevadera, más feliz y con menos estrés, si reconocen en su actitud la repetición de sus patrones infantiles. Si logran aceptar que los demás reaccionan desde sus propios patrones y no les atosigan tanto, "los otros" son capaces de actuar mejor de lo que ellos piensan; así podrán confiar, relajarse y disfrutar de lo que sin duda han logrado en su vida. No es tan importante que todo esté siempre muy bien, sino que nos haga disfrutar de un merecido bienestar.

A pesar de que las características mencionadas aparecen en ambos sexos, las mujeres nacidas en primer lugar no suelen ser muy bienvenidas en los países de cultura sexista en los que predomina la idea del hombre como continuador del mando en las propiedades y del sustento de la familia. No tienen el mismo trato de favor, pero sí tienen el mismo nivel de exigencias y de expectativas, pues pronto son requeridas como perfectas auxiliares del arduo trabajo de la madre.

Por lo general, el nacimiento de un niño después de ella repercute en su forma de actuar en la vida, ya que querrá demostrar, especialmente a su padre, que ella puede ser tan buena como un varón en la resolución de las situaciones, en los estudios y en el trabajo; por lo que adoptará actitudes de libertad, responsabilidad y autoridad más propias del género masculino.

Si es hermana mayor de solamente chicas, no estará acostumbrada a una relación de igualdad e intimidad con los hombres; en consecuencia, le costará entenderse con ellos y formar una pareja estable.

Si es la mayor de varios hermanos, es probable que se desarrolle tempranamente en ella el sentimiento de la responsabilidad maternal, que la impulsará a dedicarse luego a la enseñanza, a colaboraciones con ONG, a la jurisprudencia, a la enfermería o a la política. Lo hará con una total eficiencia que la llevará seguramente a altos cargos de responsabilidad.

Probablemente, le gustará trabajar; sin embargo, querrá crear una familia con varios hijos, porque ella podrá con todo. Se siente la "Superwoman" teniendo a su cargo los hijos, la casa y el trabajo. Le queda pendiente la asignatura peor llevada por los hijos primogénitos: conformarse con lo que hay y disfrutar de la vida relajadamente, dejando de pensar que tienen que controlar todo por si los demás actúan como unos "ineptos hermanos menores".

YO SOY HIJA MAYOR

Yo fui hermana mayor de niña y niño, ¡del ansiado niño! A los sentimientos de frustración, rabia e inmerecimiento incrustados en mí, se les sumaron el resentimiento y los celos. Reaccioné con amargura y rebeldía en muchas situaciones familiares. Ya os he comentado que protestaba por todo, no me gustaba lo que me daban de comer, ni los vestidos que me compraban, ni los peinados que me hacían, ni las maestras que tenía. En los inicios de la pubertad, esa antipatía se tornó en mal carácter: daba portazos, no les hablaba.

Os cuento otras anécdotas bastante significativas: A mis padres les gustaba viajar y cuando ya fuimos mayorcitos nos llevaban con ellos. Recuerdo que yo andaba a su lado por las calles de Frankfurt, leyendo un libro para no ver nada de una ciudad que dije que no me gustaba. Una vez en Ribadesella, cuando pedí calamares y me los trajeron bañados en su tinta negra, armé tal alboroto que la dueña del hotel en el que nos alojábamos, se acercó y me dijo: "si te portas así, tus padres no van a llevarte más con ellos". Yo no estaba contenta con mi comportamiento ¿Por qué era tan antipática? ¿Por qué no me enmendaba? ¿Por qué no disfrutaba más?

Ahora puedo comprobar que actuaba siguiendo casi al pie de la letra el desconocido patrón que usualmente se crea en la mente infantil al nacer con el sexo que el padre no desea, potenciado con el resentimiento y el ansia de lograr más amor y más atención que caracteriza generalmente a las hermanas mayores.

Fui bastante buena estudiante. No era una lumbrera, pero nunca me suspendieron en ninguna asignatura. Naturalmente, en este terreno, mis padres estaban contentos conmigo. Sabía de historia, de geografía, de literatura y hablaba bien el francés. Mi padre se hacía traer periódicos extranjeros y podía comentar con él los artículos del "France-soir" y del "Journal de Géneve". Hablábamos de economía y de política; mis hermanos no sabían nada de eso; ellos eran pequeños y yo me sentía mayor e importante. En esa época, encontré un resquicio para acercarme a mi padre y obtener su aprobación y su 'complicidad'. Mi hermano era más de cuatro años menor que yo y no podía conversar de cosas serias con papá. Me sentí reconocida y valorada, colmé mi gran deseo de que él se sintiera orgulloso de mí. Recuerdo con agrado esa etapa de mi juventud en la que me sentí feliz.

Antes de cumplir los diecinueve años, empecé a salir con asiduidad con el que, casi siete años después, se convirtió en mi marido. Mi padre, que por pura casualidad, se enteró de cómo era, cuáles eran sus ideas y su forma de vida, se negó en redondo a que saliera con él. Mi rebeldía emergió con fuerza: estaba haciendo lo que no era adecuado, pero si ese muchacho seguía interesado en mí, no lo dejaría. Mi padre culpaba a mi madre por no haberme educado bien; por mi culpa había gritos y malestar en nuestro hogar. Pero yo seguía saliendo con él y llegamos a casarnos. Mis padres no asistieron al banquete de boda.

Vivía yo apesadumbrada por sentirme incomprendida y por meterme en situaciones que me confirmaban lo frustrada que me sentía y lo mal que actuaba. La falsa sumisión, y la difícil adaptación al estilo de vida de mi marido y de su madre, me avivaron unos ya lejanos y conocidos sentimientos de rabia oculta, de amargura, de soledad, de incomprensión y de inmerecimiento. Esos sentimientos y las ideas que les precedieron estaban incrustados en mi inconsciente, desde el inicio de mi vida: ya las había vivido en mi infancia, en el colegio y con mi pandilla juvenil. No se crearon de adulta; ellos no eran los culpables de lo que yo sentía: eran unos "actores" que recordaban y perpetuaban mi patrón de comportamiento. No era entonces consciente de lo honda que estaba clavada la raíz de todo lo desagradable que era. Como a todos, "mi guión" me dominaba.

Mi padre falleció hace muchos años, pero, si hubiera podido leer este libro, quizá se hubiera asombrado de la magnitud de mi reacción a un sentimiento atávico suyo, con el que sé que nunca tuvo la intención consciente de hacerme daño. Ni él ni yo, entendimos nunca por qué existieron épocas con tanta tirantez en nuestra relación. Los comportamientos profundamente inconscientes nos provocaron un gran dolor que, sin embargo, no cercenaron totalmente una raíz amorosa que, a pesar de todo, algunas veces floreció.

La decepción que causé a mi padre al nacer, ser la hija mayor y la forma en que yo reaccioné a estas circunstancias fueron la causa de que yo viviera atrapada en "mis mentiras personales", pensando que era rara, incomprendida, rebelde, huraña, resentida, arrogante, poco digna de interés; creando conflictos y deseando desesperadamente merecer reconocimiento, aprobación y amor.

Sin embargo, el guión del sexo no deseado y ser la mayor de los hermanos me ayudaron a ser estudiosa, responsable, trabajadora, constante, emprendedora, valiente, inquisitiva, observadora e intuitiva. Mi afán por superarme y entenderme me ha impulsado a conocer las leyes naturales a las que estamos sometidos, a buscar las motivaciones de nuestras reacciones y a comprender las razones del comportamiento humano.

He tenido la necesidad de descubrir los motivos por los que no podemos disfrutar plenamente de la vida. Mi empeño actual es aportar mi pequeña y sincera colaboración para que podamos llegar a conseguir la paz, la armonía, el amor y la plenitud que todos merecemos.

He de confesar que, al empezar a escribir mi primer libro, oía retumbar en el fondo de mi oscuro pozo interior estas frases: ¿Quién soy yo para hablar de temas profundos?, ¿A quién le importa lo que siento?, ¿Soy digna de escribir un libro? ¿Tengo la capacidad para hacerlo?

Al buscar editorial, reconozco que volvieron a aparecer el inmerecimiento, la vergüenza y el temor. Vergüenza por exponer mi vulnerabilidad y temor a ser juzgada por los que no me comprenderían.

Sin embargo, cuando hemos reconocido nuestros guiones limitantes, éstos quedan expuestos a la luz de la comprensión y pierden su oculto poder esclavizante, ya que podemos desprendernos de ellos.

Ahora sé que, si hago lo que íntimamente deseo, me siento feliz; sé que, desde la rendición confiada, soy merecedora de lo que sea capaz de anhelar.

LOS HIJOS MEDIANOS O INTERMEDIOS

Sobre los hijos mayores se han realizado numerosos estudios, los menores han sido también objeto de atención. Pero los hijos intermedios tienen tal variación de circunstancias, situaciones y características, que se hace difícil enumerar sus peculiaridades con cierto rigor.

El nacimiento de los hermanos que les preceden desplaza a los hijos medianos de su experiencia de ser los pequeños de la familia, pero eso no supone para ellos el grado de complejidad y celos que supone la llegada del segundo hijo para los hermanos mayores.

Si sus hermanos pequeños rompen sus juguetes, ellos ya habían tenido juguetes o libros que el mayor había roto antes; por lo que los enfrentamientos y las peleas no constituyen situaciones de tanto dolor, como lo fueron sus propias andanzas y travesuras para el mayor.

En general, cualquier hijo mediano no ha gozado nunca de la vivencia de tener los padres en exclusiva para él. Los hijos segundos siempre han sentido, mientras eran los pequeños, la presencia de otro "pequeño" superior a ellos. Y, más adelante, tuvieron que afrontar el reto de que otro más pequeño que ellos les desplazara de su condición de bebé.

Han sido casi toda su vida "mandos intermedios", por lo que están muy capacitados para desarrollarse perfectamente en puestos de gerencia o administrativos intermedios; tienen grandes dotes de negociación y mucha facilidad para encontrar acuerdos justos. Siempre tuvieron que buscar el equilibrio para mantenerse en una posición que les satisficiera a ellos y no perturbara demasiado ni a los de arriba ni a los de abajo.

Si hay tres hermanos del mismo sexo, los padres deben esforzarse en atender al segundo, pues uno es el mayor, el otro es el pequeño; y él ¿quién es?

Los medianos pueden sentir que el mundo es injusto con ellos: no pueden tener las cosas más sofisticadas que tiene el mayor, pues son pequeños, y no tienen las consideraciones que gozan los pequeños, por ser mayores. "¡No es justo!" "Es de justicia que…" son unos comentarios que probablemente repetirán con frecuencia a lo largo de toda su vida.

Para afianzarse en su propia personalidad, les es muy favorable que el hermano mayor tenga unas aptitudes o unas aficiones muy destacadas en alguna actividad determinada. Entonces llevan la atención de sus padres hacia ellos, siendo muy eficaces en una parcela en la que el mayor no presta ningún interés, se convertirán en unos expertos en ella, logrando así la admiración de sus progenitores de la que casi siempre han estado muy necesitados.

Frecuentemente, sienten más afinidad con la madre que con el padre, les atrae la mediación en las disputas y la atención a las necesidades ajenas, lo que les acercan al papel que suelen desempeñar las madres.

Ellos suelen darse cuenta de lo que falta o de lo que falla, antes de fijarse en lo que está bien o en lo que funciona. La misma inestabilidad de su posición hace que tengan grandes dificultades para expresar verbalmente lo que sienten y todo lo mal comprendido, suelen reflejarlo de forma somática en su cuerpo, padeciendo dolores de cabeza, de estómago o de espalda.

Los asuntos misteriosos o no aclarados de la familia les hacen sufrir, pues se sienten confundidos al no comprenderlos con claridad.

De mayores, sufren mucho cuando en su entorno alguien los excluye, se enfada o los agravia, y las divisiones familiares les alteran, ya que su sensibilidad está dirigida a crear unas situaciones en las que todos se sientan a gusto, aunque sea por el hecho de valorar más la propia tranquilidad que el bienestar de los demás.

Suelen ser expertos, casi por necesidad, en la solución o negociación de los conflictos, pues siempre han tenido que negociar el perder o el ganar. El poder mediador que tienen es una de sus principales características.

Si el hijo mayor ha sido muy consentido, criado con falta de límites de actuación, o tuvo una infancia llena de mimos y con una exagerada atención, seguramente no pudo desarrollar las virtudes de empuje y resolución propias de un hermano mayor. Si éste abdica de su posición de liderazgo, se crea una situación anómala que invita al hijo segundo a asumir el papel del primero. Lo suele aprovechar de tal forma, que seguramente el hijo mayor jamás podrá recuperar la posición especial que ocupaba, tanto para bien como para mal, creándose así una situación que potencia claramente al segundo, en perjuicio del buen desarrollo del primero. Las relaciones entre ellos pueden entonces llevarles a situaciones de enfrentamiento, revancha o alejamiento, pues sus puestos de equilibrio en la familia se han visto alterados.

Al segundo ya le ha dejado de interesar tanto la negociación, y el primero no sabe llegar fácilmente a acuerdos justos, por lo que las relaciones entre ellos se verán muy deterioradas.

A los hijos intermedios les une la característica común de tener que usar generalmente ropas, carteras, muebles o juguetes de los hermanos que les anteceden. Pero tienen la ventaja de poder escaquearse fácilmente de las arduas exigencias que se le piden al primero. Ellos forman un montón que discurre por la senda de las costumbres que ha trillado el hermano mayor y, si tuercen algo el rumbo, no suelen ser tan reprendidos como el mayor o el pequeño, porque los padres están siempre preocupados por algo más dificultoso que el desarrollo de sus hijos intermedios, que generalmente se crían razonablemente bien. Esa postura les hace ser gregarios, amistosos, corporativistas, comprensivos, sociables, distendidos y poco impulsivos. Sin embargo, suelen ser un tanto peleones y ansiosos, aunque parezca contradictorio.

De mayores, seguramente preferirán salir en grupo y, cuando formen pareja, desearán tener ellos mismos familias numerosas. Suelen ser adultos afables y felices, porque tuvieron menos expectativas y menos estereotipos que cumplir que los mayores o los pequeños. Su capacidad para desenvolverse les hace ser más considerados, más comprensivos y menos compulsivos. Si cuentan con el estímulo positivo de sus padres, pueden alcanzar éxitos comparables a los logros de los hijos mayores, sin desgastarse tanto en el empeño.

Los hijos intermedios con hermanos de ambos sexos tendrán un buen entendimiento con sus parejas y sus compañeros de estudio o trabajo, porque han tenido siempre a su alrededor, varios niños y niñas y, por lo tanto, saben cómo relacionarse y solucionar conflictos con ambos sexos. Si se unen a otro hijo intermedio, la relación seguramente será tranquila, porque a ninguno de los dos le interesa provocar problemas, que en cualquier caso, intentarán solucionar de la mejor manera posible.

Encarar abierta y sinceramente las situaciones es lo mejor para ellos, pero su falta de experiencia en el esfuerzo para asumir grandes responsabilidades puede llevarles a no enfrentar los grandes conflictos, o las graves situaciones que podrían llegar a superarles. Su falta de resolución contundente en temas conflictivos hará que los infravaloren, y de esa forma no se solucionarán y se enquistarán. Por lo que irán acumulando inconscientemente resentimientos profundos, que les llevarán a situaciones muy difíciles de manejar o casi imposibles de resolver.

La variedad de posiciones intermedias hace difícil encontrar generalizaciones. No es lo mismo ser tercero o cuarto, con una mayoría de varones que de mujeres. Influye mucho en su desarrollo, y en las actitudes que adoptará, el tiempo que separa su nacimiento del que le antecede, así como los años que le separan del que le sigue y, por lo tanto, el tiempo durante el que fue 'el pequeño'.

Si su nacimiento es más cercano en el tiempo al grupo de los mayores, actuará como un hermano menor; si, en cambio, su posición se aleja de estos y, siendo aún pequeño, le llegó rápidamente otro bebé detrás, actuará frecuentemente como un hermano mayor.

Los hijos intermedios que sólo tienen varios hermanos del otro sexo pueden recibir mucha atención de la familia, ya que suelen ser muy especiales para los mayores y muy admirados por los más pequeños. Eso hará que encuentren muchas dificultades para vivir en pareja, dado que su situación en el hogar de su infancia difícilmente volverá a reproducirse en su vida adulta. Esa característica les llevará a tener dificultades para entablar amistad con personas de su mismo sexo y la casi imposibilidad de ser fieles a solamente una del sexo opuesto.

Al estar siempre ávidos de un afecto especial, podemos encontrar a muchos hijos medianos formando parte del mundo del espectáculo, la canción o el arte, donde las actuaciones obtienen rápidamente el reconocimiento del aplauso inmediato.

Podemos observar multitud de variantes de comportamiento y aficiones en ese gran montón que forman los hijos intermedios, según sean las edades y el sexo del resto de los hermanos.

Un buen ejemplo de hermano intermedio en una gran familia es el Papa Juan XXIII: tuvo once hermanos; él fue el mayor del grupo de los medianos y nació después de tres niñas. Las inmensas posibilidades de relacionarse y comprender que tuvo en su niñez le ayudó sin duda a ser un Papa diferente, bondadoso y humanitario, que huyó de la fuerte autoridad y la exagerada disciplina habitual en la iglesia, llevando a una anquilosada religión católica hacia cambios profundos y radicales muy necesarios.

Mis actitudes ante la vida son las propias de una hija mayor inmersa en la acción y la consecución de logros. Mi hermana nació cuando yo tenía algo más de dos años; ella encontró su hueco en la familia siendo siempre más afable y más conformista que yo. Aunque era traviesa, se portaba mejor, comía más y casi nunca creaba grandes conflictos. No sacaba tan buenas notas en los estudios, pero pronto destacó en el mundo empresarial en la vertiente que yo más aborrecía y que, incluso ahora, es la que menos me gusta de mi trabajo: los temas legales, fiscales, bancarios, las facturas y los balances. Ella, en cambio, es una eficiente administradora y una contable muy responsable que ha trabajado siempre; en su juventud, en el despacho de papá, y luego, en el negocio que tiene con su marido, que fue bien aceptado en la familia.

Ella es muy buena cocinera y frecuentemente celebra en su casa los eventos familiares que nos aglutinan a todos: hermanos, parejas, hijos y nietos. Es una gran anfitriona; yo, en cambio, temo las celebraciones, ya que no tengo buenas dotes culinarias.

Cada una definimos pronto nuestros gustos, preferencias y estilo de vida, destacando en parcelas diferentes, dentro de unos contextos similares.

LOS HIJOS MENORES

Los hijos menores se convierten para siempre en el bebé de la familia, ya que nunca otro niño les desplaza de su posición; por lo tanto, se les mima mucho más tiempo del que convendría.

Si se llevan bastantes años con el que les antecede, acostumbran a ser la alegría de la familia, aunque en principio su llegada no fuera bien recibida, por el trastorno que causó en las rutinas habituales ya establecidas.

Los padres se muestran con ellos menos exigentes y tienen menos ánimos para hacer respetar la disciplina que impusieron a los hijos mayores, por lo que su crianza será más distendida, con menos exigencias y con menos presión para obtener los resultados apetecidos.

Si se les consienten comportamientos que a los otros hijos se les han negado y si sus monerías son celebradas por todos, se criarán con una permisividad que sembrará cierto resentimiento en sus hermanos. Ese sentimiento negativo permanecerá siempre en ellos, mezclado con el cariño que indudablemente les profesarán. Los hijos menores logran fácilmente salirse con la suya y tratan de desmarcarse de las obligaciones comunes y de las tareas más rutinarias.

Siendo adultos, esperan encontrar maestros, jefes o superiores que les traten con tanta tolerancia como habitualmente fueron tratados en su familia y, si eso no ocurre, les resulta muy difícil encarar las responsabilidades que les exigen. Por lo tanto, se les pueden agudizar los sentimientos de incompetencia o incapacidad, esos que se despertaban en ellos cuando, por su corta edad, no podían emular las hazañas o los logros de los hermanos mayores.

Ellos se ganan el cariño de los suyos con su talante vivaracho, bromista, ameno y alborotador. Siempre esperarán que alguien les solucione los problemas y, en general, lo consiguen sin tener que hacer grandes esfuerzos.

Si los mayores son buenos estudiantes, sienten que nunca estarán a su altura, pues naturalmente siempre ignoran conceptos que los otros manejan perfectamente; esto puede impulsarles a abdicar de su propósito por sacar buenas puntuaciones aceptando inconscientemente que siempre sabrán menos, lo que les puede llevar a unirse al grupo de alumnos que protagonizan más alborotos y altercados. Si se convierten en los payasos de la clase, se acostumbrarán a tener más reprimendas y peores notas y eso les acentuará su patrón de falta de motivación en el esfuerzo y su carácter caprichoso, rebelde y osado.

Generalmente son despreocupados, alegres y sociables; les gusta emprender cosas nuevas y desarrollar ideas diferentes de las que tienen sus familiares próximos. Quieren demostrar su valía abriéndose caminos nuevos en donde les importa mucho tener éxito, quieren sentirse alabados por haber realizado positivamente su propio proyecto de vida.

Thomas Edison, que era el menor de siete hermanos varones, tuvo que dejar el colegio muy joven porque lo consideraban un inepto, un desordenado y un alborotador. Eso hizo que se desarrollara en él un fuerte sentimiento de oposición al sistema establecido, lo que le llevó a protagonizar verdaderas canalladas. Pero en sus reacciones era tan testarudo, genial y temerario que su búsqueda de soluciones nuevas le llevó a ser el genial inventor que todos conocemos. Su posición entre los hermanos, sin duda, influyó en que actualmente podamos gozar de los beneficios de la electricidad que él supo aprovechar inventando la primera bombilla con filamento incandescente.

Los hijos menores saben disfrutar del momento, son flexibles y espontáneos, haciendo pocos planes a largo plazo. Dejan las cosas desagradables y engorrosas para el último momento, a ver si desaparecen, se solucionan solas o alguien las resuelve.

En su niñez, siempre vivieron acompañados por varios hermanos mayores y su manera de relacionarse en la vida adulta dependerá de la forma en que éstos le hayan tratado.

Si ha habido tirantez entre ellos, disentirán abiertamente de la opinión de los mayores y si se sintieron rechazados o muy manipulados por ellos, podrían llegar a rebelarse contra cualquier autoridad.

De niños, generalmente demostraron su enojo o la frustración que sentían, siendo testarudos y convirtiéndose en unos llorones que, con sus interminables pataletas, pretendían llegar a su más habitual y frecuente deseo, que es "escurrir el bulto".

Como se han responsabilizado menos de las obligaciones, pueden ser más dilapidadores con su dinero y menos previsores que los demás hermanos. Pero serán siempre mucho más arriesgados y seguirán sus instintos cunado tengan que buscar un trabajo, montar un negocio o realizar unas novedosas investigaciones.

El eminente investigador oceanográfico Jacques Cousteau fue un hermano menor que, con su ilusión por todo lo relacionado con el mar y por sus peculiares investigaciones, cambió drásticamente la forma de bucear. Perfeccionó las bombonas de oxígeno, las gafas y los pies de aleta, que tanto han favorecido las inmersiones de buceo y la divulgación de la vida oceánica.

Si se llevan bastantes años con su hermano mayor, pueden admirarle y considerarle su héroe, al que tratarán de imitar y del que demandarán apoyo y comprensión. Pero, en general, buscarán su realización por caminos diferentes de los de sus hermanos, en los que no se les pueda comparar para no salir perdiendo.

Su desarrollado encanto natural les hace ser buenos relaciones públicas y eficientes comerciales, teniendo dificultades si deben enfrentarse a subordinados irresponsables que les exigen imponer dotes de mando, pues por su talante no acostumbran a ser autoritarios.

Esas características hacen que generalmente sean con sus propios hijos unos padres comprensivos, que potencien sus aptitudes y les críen en una sana libertad.

No aceptan nada bien que sus parejas pasen mucho más tiempo atendiendo a los hijos que a ellos, a pesar de que delegan pronto su educación en niñeras o abuelos, pues les cansa ocuparse de los niños cuando son pequeños. En cambio, cuando éstos son mayorcitos, se comportan como excelentes compañeros de juegos, pues les es fácil ponerse a su nivel para jugar.

Siempre suelen mandar subliminalmente el doble mensaje de independencia y de necesidad de mimos, de arrojo y de impotencia, de adultos capaces y de niños necesitados de aprobación.

Cuando los hijos menores son del sexo opuesto al de todos sus hermanos y son claramente los favoritos de los padres, pueden ir egoístamente en contra de todos y del papel que se espera de ellos.

La muerte de su madre es una experiencia muy dolorosa, porque ella ejerció con ellos su faceta más mimosa y protectora durante más tiempo.

Generalmente se relacionan bien con gente de los dos sexos y con las personas de más edad, sobre todo si fueron los pequeños de hermanos y hermanas.

Si es hermano menor varón de sólo chicos, aunque se case y tenga hijos, las partidas de cartas o los entretenimientos con su grupo de amigos podrán ser más importantes para él que su misma familia, produciéndose por esta causa enfrentamientos en su hogar. Conociendo las características de su inconsciente patrón vital, es más fácil llegar a acuerdos que satisfagan a todos.

Si es un hermano menor de hermanas y si, como suele suceder, él fue muy esperado después de varias niñas, se convertirá en un ser muy especial para la familia y tendrá las prerrogativas de un hermano mayor, aunque sea el menor. Cuantas más hermanas haya tenido, más le costará adaptarse a tener, de adulto, una sola pareja. Y, si ellas fueron, con exceso, protectoras o dominantes, su mujer habrá de estar dispuesta a estar muy pendiente de él, cuidarle y atenderle con interés pero (eso es importante) sin agobiarle.

La hermana pequeña de sólo varones es generalmente coqueta, seductora y más precoz sexualmente, pues su trato más abierto con el género masculino hace que los hombres aprecien su cordialidad y se sientan atraídos por su disponibilidad. Es propensa a alternar con hombres mayores que ella, con los que se siente protegida y cuidada y con los que, con su carácter alegre y osado, puede desde su pretendida insuficiencia, dominar.

Para cualquier hermano menor de sólo chicos, la peor pareja, la que le llevará a continuos conflictos, será una chica que ocupe el mismo lugar que él, o sea una hermana menor de sólo chicas. Ninguno de los dos podrá dar al otro lo que siempre esperará que le ofrezca.

Los hermanos menores en general serán buenos especialistas en los trabajos que elijan, siempre que se sientan valorados y a gusto. Si las responsabilidades de su cargo no les satisfacen, cambiarán sin demasiados problemas de puesto de trabajo. Pueden dedicarse con éxito a estudios técnicos o comerciales, pueden ser músicos, actores, imitadores o gente de televisión.

Como les gusta que les cuiden, serán buenos sibaritas y apreciarán mucho los beneficios que conlleva tener una vida acomodada, que disfrutarán placidamente si logran alcanzarla sin tener que poner demasiado empeño en conseguirla.

Agradecerán tener superiores comprensivos que les den un buen modelo que puedan imitar y aceptarán con bastante facilidad algún tipo de terapia en la que puedan progresar en su autoconocimiento, si son guiados con empatía.

LAS MÁSCARAS

"Tenemos derecho a creer cualquier cosa,
sólo debemos asumir las consecuencias
de nuestras convicciones"
John Bradshaw

Los diferentes guiones de comportamiento que hemos comentado tienen sus propias características, pero ninguno es mejor o peor que otro. Todos tenemos el que hemos atraído, todos sirven al propósito de nuestra evolución. Hasta "un gran mal" puede llevarnos a "un gran bien".

Cada uno, hemos necesitado experimentar lo que hemos vivido; si no, no nos hubiera sucedido. Nuestra vida tiene una razón y un propósito, aunque los desconozcamos. "El azar es el camino que utiliza Dios cuando actúa de incógnito". Albert Einstein dijo: "Dios no juega a los dados con el universo"

El conocimiento que hemos adquirido ha de servir para que todos nos conozcamos y nos comprendamos mejor. Si nos comprendemos unos a otros, nos será más fácil amarnos.

Nunca utilicemos la información que poseemos para humillar, avergonzar o frustrar a los demás. Tal vez, con buena intención, pretendamos utilizarla para obligarles a cambiar, pero ese es un trabajo inútil: nadie cambia porque otro lo quiera, ya que el cambio se inicia en el interior. Bastante difícil es cambiar uno mismo para pretender cambiar a los otros, voluntariosamente, desde una pretendida superioridad.

Todo el mundo tiene la posibilidad de conocer y transformar el núcleo emocional e inconsciente de su carácter; ha de llegar al punto adecuado en el proceso de su evolución. "El fruto está en su punto cuando ha llegado el momento de su maduración, no antes"

Seguramente en los capítulos anteriores, algunos habéis podido comprobar la procedencia de vuestras mentiras personales, de vuestras pautas de comportamiento y del punto de referencia que utilizáis.

Si estando presos en un patrón negativo, somos capaces de darnos cuenta de que nosotros mismos nos estamos creando sufrimiento, es que nuestra conciencia se está abriendo a formas más inteligentes de abordar las situaciones. Con constancia, inteligencia y voluntad podremos deshacernos de nuestra infelicidad.

Eckhart Tolle nos dice "la negatividad no es inteligente, se basa en la astucia que persigue objetivos distorsionados a corto plazo y con un interés muy egoísta que lleva a la infelicidad".

El camino del cambio es ante todo un camino sembrado de valiente sinceridad e intuitiva inteligencia.

Reconocer la existencia de nuestros patrones invalidantes es una gran victoria, que ha requerido ejercitar grandes dosis de sinceridad y de humildad. Estas virtudes han vencido los pensamientos que frenan a "los tibios": "no estoy tan mal", "no puedo quejarme", "algo me ha de pasar", "no he de pretender ser siempre feliz", "es normal sufrir un poco". Esos razonamientos pueden invalidar un inicial ímpetu de superación, porque su sentimiento promotor es un terrible miedo a "desenmascararnos". Somos tibios si nos negamos a reconocer lo que en el fondo verdaderamente sentimos.

Hemos escondido en nuestro profundo pozo interno lo que nos perturba, lo que no aceptamos de nuestra personalidad, pues nos duele en el alma sentirnos "no merecedores", "malos", "insoportables", "incapaces", "incomprendidos", "miedosos" o "débiles". Pero creemos que somos así y ocultamos bajo generosas "máscaras" lo que sentimos que es nuestra realidad inaceptable.

En la infancia, nos llegaron frecuentemente mensajes ambiguos que no comprendimos bien. "Si no comes, no irás al parque a jugar", "como que has pegado al pequeño, te quedarás sin ver la película", "si acabas lo del plato, te daré una golosina", "métete en la habitación a oscuras hasta que me digas lo que ha pasado"...

Como padres, hemos de poner orden, aclarar situaciones y manejarnos como podamos ante las travesuras de nuestros hijos, pero ellos reciben el mensaje implícito que estas frases encierran, "te amaré sólo si haces lo que yo deseo que hagas", "te amaré si eres como yo quiero que seas". Esos son los mensajes que en general todos hemos captado y son los que nos llevan a pensar que no somos suficientemente buenos, ni somos dignos de que nos amen. Nuestro más profundo y atávico miedo es que nos nieguen el amor, que no nos quieran, que nos abandonen. Nos convencemos de que debemos complacer a los demás para ser amados y nos rebelamos con rencor si presentimos que no podremos lograrlo; si nuestras explosiones de ira son reprimidas con amenazas, trataremos de ocultarlas para evitar el castigo.

Todos aprendimos a disimular, a manipular, a engañar, a mentir a los demás, y lo más importante: a mentirnos a nosotros mismos. Una parte nuestra se estaba encerrando en una coraza de pretendido olvido. Con el paso del tiempo nos hemos ido acorazando más, sepultando en un fondo amargo lo que no nos atrevemos a confesarnos.

Yo logré enterrar tan honda la envidia que tenía a mi hermano menor, que hasta hace pocos años no logré reconocer que la sentía; me dolía tanto que la negué.

Sólo reconocía que no soportaba las personas "mimadas", pero nunca antes había tenido la apreciación de que era envidiosa. Decía que no las soportaba, pero en realidad las envidiaba porque lograban fácilmente lo que querían. No sé si realmente les sucedía eso… yo veía inconscientemente en ellas el reflejo de mi hermano, que consiguió el afecto incondicional de papá por el solo hecho de nacer varón. Mi máscara de valiente, terca y decidida ocultaba un inconfesable sentimiento de víctima, de inmerecimiento y unos profundos celos no reconocidos.

En algunas familias, se pronuncian frases muy duras e insultantes que se refuerzan con golpes, humillaciones y azotes. Estos maltratos hacen aparecer devastadores sentimientos, como la ira, el odio, la venganza y el resentimiento, que en la infancia tuvieron que ser reprimidos para evitar males mayores; se escondieron bajo una "máscara", pero nunca han podido borrarse del inconsciente; allí permanecerán siempre agazapados y propensos a estallar.

Aunque nuestras experiencias no sean tan extremas, todos creamos "máscaras" para escondernos de los demás y de nosotros mismos, fingiendo no ser lo que sentimos que somos por miedo al rechazo. Si conocieran nuestros oscuros sentimientos, seríamos seguramente rechazados. En consecuencia, aprendimos a "mordernos la lengua", a mantener ocultos ciertos aspectos de nosotros mismos, con la esperanza de no ser abandonados.

Los adultos nos domesticaron con sistemas de castigos y recompensas, pero lo grave es que de adultos somos nosotros mismos los que nos autodomesticamos. Nos castigamos inconscientemente, permaneciendo en situaciones dolorosas. Tenemos una parte oculta que actúa como un juez interior que nos dice que somos culpables y que debemos ser castigados. Otra parte de nosotros es la que recibe los juicios y actúa como víctima avergonzada que se siente insuficiente, incapaz y malquerida.

Sentir que somos víctimas es lo que nos lleva, no al llanto abierto y franco que purifica, sino al lloriqueo quejoso y apesadumbrado que envenena nuestras heridas. El victimismo nos mantiene con el miedo escondido en nuestro plexo solar, haciéndonos sentir inseguros, infelices y vulnerables, encerrados tras las máscaras de nuestras profundas mentiras.

Hemos creado esas mentiras, pero lo grave es que nos las creemos. Usamos las máscaras para camuflarnos y defendernos de lo malo que creemos que hay en nosotros, de lo que consideramos graves defectos que nos hacen indignos de ser amados.

En el fondo, todos deseamos ser aceptados, respetados y queridos; pensamos que, si los demás nos conocieran realmente, no podrían aceptarnos. Y nos escondemos para camuflar esas supuestas minusvalías.

Existen básicamente unas cinco razones por las que adoptamos esas distorsionantes máscaras que esconden nuestra realidad a los demás:

- Por compensación.

Tratamos de compensar compulsivamente algún rasgo que consideramos inadmisible. Podemos convertir una inicial desventaja en un motivo obsesivo de superación. Por ejemplo, quien en su juventud tenía una débil constitución física que le acomplejaba ante sus amigos y actuaba con una mentira personal "no me aceptan como soy", "estoy solo", "no valgo", puede convertirse en un fervoroso culturista a quien muchos admiran por sus potentes músculos. Pueden admirar su fortaleza, que en realidad es una coraza física y psíquica que camufla su interna debilidad, que aún persiste.

- Por reacción.

Podemos desarrollar con exceso determinadas tendencias para evitar sentir una minusvalía emocional. Por ejemplo, el que actúa siempre de forma muy segura está escondiendo las abrumadoras dudas que nublan su subconsciente lleno de pensamientos, como "no soy suficiente", "soy incapaz". Las conductas exageradas en cualquier campo suelen esconder lo contrario de lo que dan a entender: "dime de lo que presumes y te diré de lo que careces". Todos los "muy" suelen esconder una máscara. No sería preciso ser "muy" simpático o "muy" trabajador si la cualidad exagerada fuera un don natural, pero ser "muy" alegre, por ejemplo, puede esconder mucha tristeza.

- Por desplazamiento.

Al suprimir un impulso que es considerado incorrecto, se genera una hostilidad reprimida que explota en otro momento con una violencia injustificada por lo que entonces está sucediendo. Por ejemplo, quien recibe frecuentes e injustas amonestaciones de su jefe y le es imposible replicar, no aceptará la sumisión forzada, pero la disimulará y luego en casa reaccionará de forma exagerada contra su mujer o sus hijos, por el alboroto natural de sus juegos; en ellos estará descargando la hostilidad acumulada.

Los padres que quiebran con exigencias desmedidas la voluntad de sus hijos pueden lograr que en casa se porten correctamente, pero con su pandilla quizás se dediquen a romper el mobiliario urbano por el desplazamiento de su reacción.

Las actitudes forzadas crean máscaras que desplazan el impulso reactivo a otra situación donde no era necesario aplicarlo.

- Por rechazo.

Podemos despreciar y criticar en otros lo que nos negamos a reconocer como limitaciones propias. Tal vez las neguemos y nos escondamos en sus opuestos, despreciando a los que conocemos bien. Por ejemplo, quien frecuentemente usa frases despectivas como: "todos son unos hipócritas", "son muy sucias", "¡qué ladrones son!", probablemente reprime los defectos que él posee y que tanto critica en los otros.

- Por proyección de culpa.

Culpamos a otros o detestamos en los demás lo que no podemos aceptar en nosotros mismos. Por ejemplo, alguien con la sexualidad reprimida por estar atrapado en la mentira personal: "ser diferente es peligroso", "no soy normal", con su máscara moralista, culpará a los homosexuales de ser unos pervertidos o unos anormales.

- Por racionalización.

Buscamos una justificación, un autoengaño para encontrar adecuadas unas acciones que, en el fondo, sabemos que son incorrectas. Por ejemplo, el culpable de un accidente de circulación alega que la culpa es de la composición de la sangría de ese bar, pues él siempre bebía sangría y nunca le había pasado nada. Se da la vuelta a lo que en realidad ocurre, se usa el ingenio para negar la verdad, pero, con el tiempo, se acaba corrompiendo todo sentido de integridad personal.

Usamos alguno de estos subterfugios, para no ver nuestro lado inconsciente y oscuro; nos engañamos a nosotros mismos y a los demás para que no sepan realmente quienes somos. Tenemos miedo de que nos conozcan; si nos conocieran como creemos ser, no nos soportarían. "Temo decirte quien soy"... porque, si no te gusto, no tengo otra cosa, nos dice John Powel en su libro del mismo título. Nos odiamos por ser "malos", "ineptos" o "cobardes", y aparentamos ser lo que no podemos ser.

Aceptemos que las máscaras nos han sido necesarias para sobrevivir cuando nos sentíamos culpables, atemorizados o aislados, y realicemos un acto de madurez consciente, reconociendo su existencia sin sentirnos pecadores o culpables.

Lo que se llama pecado mortal, falta grave o delito, es la forma inevitable de actuar desde la perspectiva distorsionada del adulto que vivió traumas terribles en su infancia. Él era un niño solo y asustadísimo que no pudo asimilar jamás lo que le ocurría. Su mente infantil luchó a su manera para olvidar y seguir viviendo. Pero olvidar no es sanar; es sólo dejar en suspenso, en un profundo olvido consciente, algo que podrá brotar con violencia cuando se den las condiciones que activen su recuerdo.

El niño se siente culpable de la violencia que se ejerce sobre él; piensa que, si no fuera muy malo, no le estarían ocurriendo todas aquellas desgracias. La culpa busca castigo y él, de adulto, se castigará a sí mismo y quizás se esconderá en una máscara que le hará parecer lo que él considera una persona "correcta". Pero determinados estímulos lo llevarán a cometer ciertos actos inevitables desde su perspectiva errónea. Un potente sentimiento de odio, rencor o venganza emergerá cuando unas circunstancias desencadenantes irrumpan con fuerza en su vida y no las pueda dominar. Lo realmente malo no es su acto reprobable, sino el pensamiento que lo llevó al sentimiento de minusvalía que lo aparta de los demás y lo lleva a atacarlos cuando algo o alguien, reaviva su lejana herida.

Descubrir lo que en nosotros no es auténtico, lo que es máscara, lo que a veces consideramos una virtud o un mérito, es un trabajo personal de hondo calado.

Tenemos que ser sinceros, reconocer nuestras mentiras personales y aceptar esas valoraciones negativas incrustadas en nuestra mente de adultos que nos inducen a creer inconscientemente que somos "inmerecedores", "incapaces", "solitarios", "indignos de amor", "incomprendidos", "víctimas". Aunque hayamos olvidado la raíz de estos pensamientos, siempre están actuando y produciendo efectos. Escondidos tras las máscaras de sus opuestos, son difíciles de descubrir y, sin embargo, enmarañan y distorsionan nuestra vida.

Si nos dejamos sentir el dolor por sentirnos abandonados, si llegamos al llanto profundo por no sentirnos comprendidos, si podemos expresar la rabia escondida o la ira negada, si nos permitimos reconocer nuestra cólera y observar en qué parte de nuestro cuerpo se ha ocultado en forma de tensión o enfermedad, podremos reconocer, desencapsular, aceptar, pasar a través y, por tanto, sanar ese pasaje de nuestra vida que nos duele tantísimo.

Si como adultos entendemos al niño que fuimos, ese que habita siempre en nuestro interior y comprendemos sus reacciones, podremos reconocer mejor las mentiras personales y las máscaras en las que nos ocultamos actualmente. Al comprender a ese niño no querido, mal amado o poco reconocido, podremos saber el porqué de nuestras reacciones de adultos. Por ejemplo, quien no quiere comprometerse con una pareja y se pavonea de su libertad y sus conquistas, está actuando bajo la máscara de ser independiente, ocultando que no quiere que le vuelvan a hacer daño en el amor, como le sucedió cuando era niño, cuando sentía que no era importante para sus padres.

Las máscaras actúan como una protección. Pero su protección tiene un alto precio, pues no nos dejan ser auténticos, no nos dejan amarnos como somos, porque no nos dejan reconocernos.

El sentimiento de ira puede manifestarse en diversos grados, desde una pequeña irritación por algo fútil. Por ejemplo: porque alguien nos adelanta en una cola, o porque una amiga saluda más efusivamente a otra que a nosotras. Pudiendo llegar hasta una explosión profunda. Por ejemplo: la ira camuflada de justicia de los que se manifiestan violentamente contra la guerra o el maltrato a los animales. Su rabia hacia los que tienen el poder tiñe de odio una protesta que, por principio, debería alentar un espíritu conciliador.

Solemos encubrir rápidamente nuestras manifestaciones de ira con un velo de justificación, pero criticamos abiertamente las reacciones iracundas de los demás. Los pequeños actos que justificamos continuamente constituyen las pistas verdaderas hacia nuestros sentimientos reales, pues tenemos pequeñas máscaras para lo que pensamos que son pequeños problemas.

Todos reconocemos las explosivas manifestaciones de ira que pueden hacerse merecedoras de una sanción o de una condena, pero nuestras manifestaciones ligeras de ira no son percibidas como perjudiciales por los demás, ni por nosotros mismos. Si buscamos la verdad y el conocimiento, es muy práctico poner atención en la actitud que tenemos en los actos cotidianos y en el verdadero sentimiento que los tiñe. Es muy conveniente saber "leer nuestra vida".

Podemos negarnos a reconocer, por ejemplo, que somos rencorosos, pero, si habitualmente nos quejamos de lo que nos ocurre o del comportamiento de alguien, es que debajo de esa queja existe un resentimiento o una indignación cuya raíz quizá se oculta en un sentimiento de celos profundos hacia un hermano menor. Si durante mucho tiempo mantenemos esos sentimientos, pasarán a convertirse en una emoción más fuerte; pasarán a ser ira o rencor.

Si nos mantenemos en un estado casi permanente de alerta esperando la próxima cosa contra la que reaccionar, indignarnos o criticar, es que mantenemos una fuerte emoción negativa encapsulada en nuestro interior desde los tiempos más lejanos de nuestro pasado. Ese sentimiento contamina nuestra forma de hablar o de comportarnos, y eso ocurre porque, aunque pensemos que tenemos razón y que actuamos con corrección, la verdad es que somos rencorosos, lo reconozcamos o no. Nuestra actitud, lo despectivo de nuestros comentarios y el tono de nuestra voz nos dan pistas sobre lo que realmente sentimos.

Siendo nuestros propios observadores, iremos conociéndonos mejor. Las máscaras que nos ocultan nuestros verdaderos sentimientos no nos hacen ser mejores aunque lo pretendamos. Por ejemplo, si reaccionamos con altivez y despecho al ver que nos adelantan indebidamente cuando estamos esperando en una cola, es que algo nos ha herido por dentro y ha hecho resonar sentimientos que no queremos reconocer que sentimos. Nos podemos justificar pensando o diciendo que esa persona trata de causarnos un perjuicio en nuestro tiempo de espera; ella es la culpable de un acto insolidario y tenemos derecho a hacerle respetar su turno.

Quizás hayamos usado algún adjetivo despectivo: ¡qué fresca es!; quizás hayamos levantado la voz y buscado la complicidad de otras personas que esperan en la cola para que corroboren que tenemos razón en nuestro enfado: ¡no hay derecho, llevamos mucho rato esperando para que esta lista se nos cuele! Rabia, insultos, divulgación de una crítica, escozor interno, llamativa reacción corporal, gran justificación y distorsión oculta. Hemos dado con una dura máscara que esconde unos sentimientos que tal vez nos negamos a reconocer.

Si queremos "leer la vida" con ojos limpios, vamos a eliminar el velo de la justificación. ¿Tanto tiempo perderíamos si ella nos pasara delante?, ¿Qué es lo que representan esos dos minutos? No es, por lo tanto, el factor tiempo el desencadenante de nuestra ira. ¿Podemos reconocer que hemos experimentado un profundo sentimiento de rabia? Sí, eso es lo que nos ha pasado: una rabia profunda ha surgido de esa persona correcta y acorazada que somos.

"No es justo que nos adelante": nosotros somos justos, justicieros y acorazados.

Nos ha adelantado, nos ha quitado nuestro lugar, nos ha ninguneado y nuestro cuerpo se ha envarado, nuestros ojos se han abierto más y nuestra voz se ha alzado. ¿Qué estaba hirviendo en nuestro interior? La actitud de esa mujer es un recuerdo doloroso de una temprana experiencia. No es ella la desencadenante de nuestro acto de ira, ella es sólo la actriz que representa el papel que nos lleva a recordar algo doloroso que rechazamos. El sentimiento acorazado de ira o de rabia es una lejana y honda raíz anclada en nuestra niñez, que se ha activado y desencadena nuestra actual actitud. ¿Cuál ha sido la verdadera y antigua razón de esa reacción? Es doloroso sentir que alguien nos quita algo que creemos nuestro, quizás un hermano pequeño nos apartó de los brazos de mamá... Es doloroso sentirnos ninguneados. ¿Nos sentíamos escuchados en nuestro primer hogar? Es muy frustrante sentir que nos quedamos rezagados. ¿Cuántas veces nuestros llantos no fueron atendidos; o nuestros esfuerzos, reconocidos; o nuestro dolor, comprendido?

La actitud, quizás inconsciente, de esa mujer en la cola ha abierto una página dolorosa de nuestra vida, que, si de verdad queremos conocernos, tendremos que "saber leer". Cada uno tiene que encontrar sus razones.

En la niñez, éramos muy sensibles ante lo que no entendíamos y lo catalogábamos de injusto. Lo no asimilado duele mucho y puede convertirnos en acorazados justicieros, resentidos que desean siempre defender "lo justo". Pero justo ¿para quién?, ¿desde qué punto de vista?, ¿en qué lugar?

Generalmente, encontramos justo nuestro propio punto de vista de las cosas y las situaciones.

En una cola, es justo que el de atrás espere su turno. Pero, si queremos vivir mejor y con la consciencia despierta, no vamos a quedarnos en el hecho concreto, sino en lo que despierta en nuestro interior, en lo que podemos atisbar tras la coraza de "correctos".

Que una mujer nos adelante en una cola puede también hacernos sentir otra emoción destructiva, tal vez nos despierte envidia: ¡qué desfachatez! Si hubiéramos estado distraídos, quizás se hubiera puesto en una situación mejor, por delante de nosotros, más cerca de la caja o de la taquilla. Ha querido estar más cerca del final sin tenernos en cuenta y lo hubiera podido lograr si no hubiéramos estado alerta a lo que sucedía.

En el fondo la hemos envidiado, su despiste o su cara dura le ha sido, o le hubiera podido ser, beneficiosa. Con su incorrección nos hubiera superado, nos hubiera considerado menos listos que ella.

Los más listos, los más rápidos, los más enchufados, nos dan rabia. Pero en el fondo nos dan envidia: ellos logran con menos esfuerzo lo que es muy costoso para nosotros. Esa envidia puede tener una raíz muy profunda y casi olvidada. ¿Sufrimos un parto muy largo? ¿Fuimos muchos años hijos únicos y luego tuvimos dos hermanos seguidos? ¿Querían más a mi hermano que a mí?, ¿Nadie alababa mis logros?

Si nuestra coraza es otra, nuestro comportamiento será diferente: Estamos en una cola y nos damos cuenta de que una mujer nos ha adelantado. Muy serios, la miramos fija e insistentemente entrecerrando un poco los ojos y apretando los labios, pero no decimos nada, porque somos tan correctos que no vamos a enfadarnos por eso. Sin embargo, ¿qué indica nuestra expresión y nuestra mirada? ¿Somos tan tolerantes? Reaccionamos pasivamente, pero, tal vez, podamos confesarnos que nos quedamos resentidos y molestos, pues funcionaron los patrones: "es como si no existiera", "no merezco que me escuchen", "no me hacen caso", "no puedo reclamar lo mío". Tras la máscara de tolerantes, puede que nos sintamos resentidos, amargados, impotentes, tímidos o rabiosos contenidos.

En cualquier simple acto intrascendente, como el que hemos analizado, podemos ser grandes y profundos observadores si podemos lograr ser sinceros con nosotros mismos. En los ejemplos expuestos, hemos descubierto rabia, rencor, envidia, frustración y amargura tras la máscara de la corrección.

Los que tiran cócteles molotov están llenos de los mismos sentimientos dolorosos que nosotros; sólo que su expresión ha roto la coraza de la corrección, sus pensamientos distorsionados han explotado con violencia. Su ira es más evidente y exteriormente más dañina pero compartimos los mismos sentimientos.

Todos experimentamos multitud de sentimientos negativos, pues todos somos víctimas de una gran falta de verdadero amor maduro.

Muchos piensan que lo que no se reconoce no existe. Lo encerrado hondo y tapado con gruesas capas de corrección, tolerancia y justicia no está borrado y es lo que realmente sentimos. Lo oculto existe y, además, maneja nuestra vida.

El Dr. Miguel Ruiz dice: "Si te duele lo que te digo, no es por mis palabras, sino por las heridas que tienes y que yo he rozado con lo que he dicho".

Una mujer nos adelanta en una cola y si este hecho lo despojamos de impresiones ocultas del pasado, podemos mirarla de frente y decirle simple y correctamente: señora, estamos aquí casi de lado, pero yo voy delante de usted en la cola. Nos afirmamos con naturalidad en nuestra posición, sin atacar, sin resentir, sin rabiar, sin juzgar.

Ella puede reaccionar como sus máscaras y guiones le permitan; no es asunto nuestro: no somos responsables de las íntimas reacciones de los demás, aunque el eco de nuestros patrones suele activar los patrones de los que están a nuestro alrededor, sean de corrección o de enfrentamiento.

Si actuamos centrados en el "aquí y ahora", difícilmente desencadenaremos sentimientos negativos en las personas con las que nos relacionemos. La reacción probable de esa mujer en respuesta a nuestra actitud en este último ejemplo será decir: "perdona, no me he dado cuenta". Si lo hizo adrede o no, deja de tener importancia; hemos creado una porción de nuestra vida, "un ahora" tranquilo y neutro. En el primer ejemplo, habíamos creado discordia y confrontación; en el segundo, envidia y frustración.

La energía que impregna nuestra vida y la de los que tenemos cerca es nuestra responsabilidad. Podemos reconocer nuestro comportamiento y sentir nuestra vulnerabilidad, que es la única llave que abre nuestras corazas.

Con estos ejemplos, creo que podemos comprender mejor la frase que dice "somos los creadores de nuestra vida". Si con sinceridad ahondamos bajo las corazas, en nuestros guiones y en nuestras mentiras personales podremos ver con más claridad el trasfondo de nuestras reacciones.

Llegamos a creer que al actuar con las máscaras que ocultan los sentimientos reales, podemos aislarnos de ellos y hacerlos desaparecer. Pero no desaparecen; sólo se ocultan, están respirando por nuestro cuerpo, por nuestras actitudes, por nuestras posturas, por nuestra forma de hablar, por el tono de nuestra voz, por nuestra forma de movernos, por el modo de reaccionar, por nuestras tensiones y nuestras enfermedades. Un principio hermético nos dice, "como es adentro, es afuera", "como es arriba, es abajo".

Nuestro interior y nuestro exterior están impregnados por esa mente gobernada por los guiones emocionales que limitan nuestro libre albedrío y nos roban la salud y la paz.

Todo lo que conforma nuestra realidad exterior puede servirnos para conocer mejor nuestra realidad interior y conducirnos a encontrar con valentía las respuestas a las preguntas que nos hacemos cuando no podemos disfrutar de la vida. Alice Miller dijo: "Los problemas no se pueden resolver con palabras sino volviendo a vivir el primer miedo o tristeza o rabia".

Llegar bajo la máscara es el camino profundo del propio crecimiento, el que permitirá aligerarnos de nuestro bagaje destructivo, ese que nos da miedo reconocer, pues aún creemos que al hacerlo propiciamos la aparición de la culpabilidad, el abandono, el rechazo y el castigo.

LAS FRASES PODEROSAS

"No puedo curar mi ser con lo que hago,
Ser lo que soy es lo único que importa"
John Bradshaw

Si sientes que el camino que has estado siguiendo te ha alejado de la paz, la abundancia, la alegría o la realización; si tu profundo anhelo es poder disfrutar de una vida realmente colmada y feliz; te sugiero que aproveches el gran poder de creación que posee tu mente y cambies tu punto de referencia, ese que sólo está basado en tus propios pensamientos.

Muchos hombres ilustres y sabios nos han ido recordando, en todas las épocas, el gran poder que tienen nuestros pensamientos:

- Gautama el Buda "Todo lo que somos es el resultado de lo que hemos pensado".
- Marco Aurelio "Una persona es lo que son sus pensamientos".
- Shakespeare "Nada es bueno ni malo, es el pensamiento el que lo hace así".
- Rabelais "Una persona vale tanto cuanto ella misma se estima".

- Abraham Lincoln "La mayoría de la gente es tan feliz como decide serlo".

- Henry Ford "Ya sea que creas que puedes o que no puedes, de cualquier manera estás en lo cierto".

- Richard Bach "Argumenta a favor de tus limitaciones y puedes estar seguro que serán tuyas".

- Un curso de Milagros "Son tus propios pensamientos los únicos que te causan dolor".

- Ken Keyes "Dado que tu conciencia crea tu universo, todo lo que tienes que hacer para cambiar el mundo es cambiar tu consciencia".

Ya tienes argumentos para saber que los pensamientos que creaste al reaccionar a las experiencias que viviste son los que te han encerrado en el estrecho límite que te niega la satisfacción. El solo hecho de exponerlos a la luz del conocimiento te permite ser consciente de ellos y reconocerlos; así podrás detectar más fácilmente cuando actúas preso de "tus mentiras personales" y te creas una frustración o un sufrimiento innecesario.

Desde tu perspectiva de adulto conocedor del funcionamiento de tu mente, estás capacitado para airear y renovar ese "baúl de los recuerdos". Ver claramente la situación en que te encuentras es el primer paso para poder superarla.

Puedes cambiar conscientemente los pensamientos limitantes por otros más creativos, más ligeros y más positivos. Igual que creaste los negativos que funcionaron tanto y tan bien, puedes crear ahora los positivos, que irán desbrozando tu camino para que las creaciones bellas puedan aparecer.

Una de las mejores maneras que conozco para lograr ese deseo, es la sustitución continuada del pensamiento promotor limitante por otro que lo neutralice y vaya cambiando la vibración que emites.

"Las frases poderosas" son expresiones elegidas cuidadosamente para neutralizar "las mentiras personales" y los guiones dolorosos. Te mostraré cómo puedes utilizarlas bien, para que actúen como mantras u oraciones eficaces que te ayuden a sanar los guiones y deshacer las máscaras. Para lograrlo, deberás repetirlas tantas veces como sea necesario para que se manifieste la fuerza creativa que indudablemente poseen.

Las afirmaciones y las visualizaciones hacen que aprendamos a utilizar nuestra mente de manera consciente y positiva para crear una realidad mejor.

Pam Lewin dice: "Los mensajes positivos pueden producir cambios en el ritmo cardíaco y respiratorio en un paciente en coma".

Si eres intuitivo, captarás rápidamente el poder beneficioso que poseen. Si eres racional, o sea, que tu cerebro dominante es el izquierdo, tendrás tendencia a actuar en contra de ti mismo, al dudar de la eficacia de buenos remedios alternativos y, por supuesto, de estas frases. El hemisferio derecho ha de convencer al inconsciente que, en contra de lo que pueda creer, repetir "frases poderosas" es válido y ventajoso.

Hay quien siempre dice "las afirmaciones no funcionan", "no me lo creo" y, lógicamente, así es para quien así piensa. Si deseas cambiar y disfrutar de la vida, aparta ese pensamiento limitante y escribe, repite: "me dejo ayudar, acepto mi vulnerabilidad y tengo éxito" "confío en que la vida me da lo mejor para mí" "me desprendo de la negatividad y la desconfianza".

"Las frases poderosas" son declaraciones muy potentes de cambio de intención y de cambio de actitud que crean unos nuevos pensamientos, diferentes de los que poseíamos y que aportarán a nuestra vida un cambio real.

Podremos cambiar patrones negativos descubiertos en la mente subconsciente por patrones positivos y constructivos que aligerarán nuestra vida. Por ejemplo, el patrón personal basado en las creencias negativas: "todo lo tengo que hacer siempre solo", "nadie me ayuda", "no me fío de ellos", que suelen tener los hijos mayores, carga la vida con estrés y rencor. Podemos ir propiciando su disolución creando un nuevo pensamiento con "la frase poderosa": "a mi alrededor hay personas dispuestas a ayudarme". El cambio de un pensamiento por otro, que tiene otro tipo de vibración, atraerá ligereza a la mente y a la vida, acercándonos a lo que suele ser más lógico y natural, aunque sea contrario a nuestro patrón de "tener que cargar con todo". Es casi imposible que "nunca" haya "nadie" dispuesto a ayudarnos. ¿Nunca nadie? Pero, si estamos encerrados en un patrón de lucha, dejamos de estar abiertos para que la ayuda llegue y lógicamente tendremos que continuar solos haciéndolo todo.

El pensamiento siempre es creativo, para bien o para mal. Para llevar una vida gozosa y para llevar una vida de dolor, estrés, angustia o escasez. La elección es siempre nuestra. "Lo que crees, lo creas".

¿Cuántas veces tenemos que repetir una "frase poderosa" para que cause efecto en nuestra vida? Bastantes o muchas, posiblemente muchas; es lógico: deben vencer una programación antigua y una profunda inercia. Dijimos que el cambio puede lograrse; es un trabajo profundo y sólo está al alcance de los que tienen fe, constancia, valentía y sinceridad. Los valientes, los sinceros dicen: "voy a construirme una vida mejor". El premio es grande y vale la pena pagar el precio que se demanda.

Podemos familiarizarnos, al principio, repitiendo las siguientes "frases poderosas" que son semillas fructíferas y sanadoras; ellas propiciarán una actitud de aceptación y de cambio: "acepto cambiar mis pensamientos negativos", "acepto la idea que puedo crear conscientemente mi vida", "abandono mis antiguas pautas de control", "me dejo ayudar y me rindo", "la suerte está a mi lado", "me libero de mis actitudes negativas". Elige la que creas que es la mejor para ti en tu actual situación.

El mecanismo de las frases poderosas es simple, nunca falla; nosotros sí podemos fallar. Todo lo creado antes ha sido un pensamiento, una idea. El pensamiento crea; esa es la ley y se cumple siempre. Las afirmaciones bien hechas se cumplen, pues son pensamientos creativos.

¿Cuántas veces nuestro subconsciente nos ha dicho, "no soy capaz", "no podré", "tengo miedo", "los cambios no son buenos", "no tengo suerte", "a mí esto no me funciona"? Los discos negativos de las ideas limitantes han estado girando en nuestra mente a lo largo de nuestra vida. Los pensamientos negativos han funcionado muy bien cuando han ido sucediéndose las situaciones dolorosas y han ido apareciendo problemas similares a los que ya habíamos experimentado con anterioridad.

Hay varias formas y varias técnicas para usar las "frases poderosas". Yo te mostraré la que creo que va mejor; es sencilla y efectiva. Se trata de escribir todos los días, veinte veces, en una hoja de papel, la afirmación que escojas.

Ahora acaba de leer el libro y, luego, si estás decidido a vivir mejor, te guiaré hasta que puedas neutralizar las mentiras personales que creaste al nacer, y a sanar los guiones y corazas que adoptaste en la niñez. Supongo que, en los capítulos anteriores, pudiste reconocer los que te limitan y te impiden disfrutar de la vida.

Yo te pondré ejemplos, pero tú puedes crearte las frases que pienses que van a ayudarte mejor a potenciar tu deseo de cambio.

Si quieres probar lo que te digo respecto a las "frases poderosas", empieza a actuar con intención; ponte en acción con la mente y el cuerpo.

Ve a comprar una libreta nueva y un bolígrafo; empieza con este gesto de poder simbólico, pues ellos son, a partir de ahora, tus nuevas herramientas de trabajo. Si usas el ordenador, lógicamente, ese paso no es necesario.

¿Estás dispuesto a empezar ya?, ¿Has encontrado el momento propicio?, ¿Cuántos días han pasado desde que decidiste hacerlo? Deja de culparte o impacientarte; sólo sé consciente de que la demora es una resistencia: ya sabes que el cambio genera resistencias.

Te será casi imposible cambiar, por mucho que lo desees, si mantienes las antiguas pautas mentales que te llevaron a la situación en la que te encuentras. Sabemos que casi todos, en mayor o menor medida, somos prisioneros de pensamientos negativos primarios: "el cambio es doloroso", "no soy capaz", "no merezco lo bueno". Unas de las primeras afirmaciones a escribir en esta nueva libreta podrían ser: "Estoy dispuesto a aceptar el cambio", "me abro a todo lo bueno", "tengo poder para crearme una vida mejor".

Cuando tengas la libreta y vayas a escribir, en medio de la página en blanco, traza una línea de arriba abajo o usa las dos hojas de la libreta abierta; puedes escribir la frase escogida en la parte izquierda de esta línea vertical o en la hoja izquierda. Seguro que, al escribirlas, en tu mente se van formando rápidamente otros pensamientos que quizás podrían ser: "¿Funcionará esto?" o "no tendré tiempo", o "¿Tengo que hacer esto todos los días?" o cualquier otro: "voy a hacerlo con mucha fe", "necesito que funcione". El que sea, el pensamiento que haya aparecido, escríbelo en la parte derecha de la vertical. ¿Te parece que ningún pensamiento ha aparecido? Escríbela otra vez y sé consciente de lo que piensas o sientes; algo se moverá, seguro. Tu mente responde siempre; escúchala, aprende a escucharla y anota lo que te dice sin voz.

Escribe "la frase poderosa" de nuevo y, a su lado, el pensamiento que emerja: "voy a creérmelo", "¿Escribir eso tiene poder?", "¿Cuántas me faltan?" O lo que sea... escríbelo también; es tan importante como la misma afirmación, pues te permite la libertad de ser sincero contigo mismo.

Si te cuesta creer que va a funcionar, si sientes cansancio, si se presenta un miedo, una emoción o una creencia: "qué dirían si supieran lo que escribo", "no podré crear pensamientos nuevos", "qué pensaría mi pareja"...

Cualquier pensamiento que tengas es importante; surge de tu interior y estás aprendiendo a sentirte y a escucharte. Escríbelos siempre.

Irán apareciendo más y necesitarás estar más rato frente a la libreta que si escribieras sólo las afirmaciones, pero esa es la forma más efectiva. ¿Qué resistencias aparecen?, "que lento es eso", "no pienso nada", "se me hace tarde", o lo que sea... escríbelo si deseas firmemente que tus "frases poderosas" funcionen.

Admitir los pensamientos que aparecen es una buena forma de avanzar, reconocer que nos ponemos excusas es una sinceridad personal que nos está haciendo muchísima falta. Hay días en los que te será difícil encontrar el tiempo necesario… Resistencias otra vez; reconócelo y acéptalo, deja de culparte de falta de voluntad, el ego teme que vayas a desenmascararlo y vuelve a atenazarte. Su poder se ve amenazado si deshaces tus mentiras personales, si desmontas sus guiones, si descubres sus máscaras. La perseverancia es una cualidad necesaria para tener éxito en cualquier empresa que inicies. Para este trabajo profundo también lo es.

Si el ego te enmaraña, reconócelo y vuelve en cuanto puedas a tu libreta. Un refrán nos dice: "quien algo quiere algo le cuesta". Concéntrate en lo que escribes, ve repitiéndolo en voz baja. Si puedes, hazlo en voz alta: eso sería un gran refuerzo, pues lo escribes, lo lees, lo pronuncias y lo escuchas a la vez. Su efecto se multiplicará; pronto te encontrarás pensando sólo en lo que escribes. Las reacciones emocionales, los pensamientos de duda o cansancio van desapareciendo, el trabajo repetitivo de "la frase poderosa" ya se ha abierto camino en tu mente: "soy capaz", "encuentro quien me ayude", "soy merecedor de todo lo bueno", "estoy cambiando". Tus frases positivas tienen ya su semilla germinando y se van desvaneciendo las resistencias.

Ahora voy a darte algunas recomendaciones para activar más su poder:

- Es mejor empezar con una o, máximo, dos frases poderosas al día.

- Es un trabajo a realizar diariamente; escoge un momento adecuado y procura respetar el horario elegido para que se forme un ritual cotidiano que se convierta en costumbre.
- Escribe diariamente por lo menos veinte frases poderosas iguales.
- Continua con la misma afirmación hasta que quede vacía la columna de réplicas durante varios días o hasta que esté totalmente impregnada en tu inconsciente y a veces te venga al pensamiento en medio de tus tareas habituales, lo que quiere decir que vive ya en ti.
- Puedes grabar la frase poderosa con la que trabajas en un CD y escucharla cuando conduzcas o cuando puedas.
- Repetirlas mentalmente está bien como refuerzo cuando ya "vivan en ti", pero es preferible concentrarse en la escritura – "No tengo tiempo para escribir pero, seguro, seguro que las repetiré cada día veinte veces o más". Eso es otra resistencia. Deja de engañarte, deja de confundirte; si deseas hacer algo realmente efectivo para ti mismo, escríbelas.
- Si tu resistencia interior te domina, si dudas, déjalo para cuando tengas claro tu propósito; nadie te obli-

ga: tú eliges tu vida y tus acciones, pero, ante todo, trata de serte fiel a ti mismo. Deja de mentirte y de tenderte trampas nada más empezar. Deja de decir que quieres ser feliz, deja de enmarañarte más y reconoce que en ti está funcionando el patrón "no soy merecedor de lo bueno". Esa es una gran y poderosa mentira; reconócela. Todos podemos disfrutar de la vida y tú también. Si es eso lo que realmente quieres, esa puede ser tu primera frase poderosa: "Me doy permiso para disfrutar de la vida". Escribe muy claro siempre lo que necesitas. Las medias acciones, el "sí pero no…", llevan a la decepción y al desánimo, porque nos atan al punto en el que nos encontramos: "nos soy capaz", "me da pereza", "soy una decepción". Eso es lo que funciona en tu vida; cámbialo si quieres disfrutar viviendo feliz.

- Necesitamos perseverancia y sinceridad; en eso podemos fallar nosotros; "las frases poderosas" nunca fallan.

- Cuando ya lleves varios días escribiendo, puedes reforzarlas, yendo a repetirlas en voz alta frente a un espejo. Te vas mirando a los ojos, te observas y las vas repitiendo hasta que sientas que hay sinceridad en tu voz, hasta que tu expresión sea agradable, sin muecas ni tensiones en el rostro. Cuando las vayas asimilando, tu cuerpo lo corroborará y te mirarás con afecto.

Aprender a escucharte hace que aprendas a conocerte. Presta atención a tu forma de hablar, al tono que impregna tus palabras, a las expresiones que más usas, a los sentimientos que transmites. Porque, a veces, lo que realmente quieres decir, lo camuflas ¿Qué puedes leer entre líneas?

Para que te sea más fácil tener conciencia de cómo te expresas, puedes poner una grabadora al lado del teléfono o en la sala de estar y grabar lo que tú dices en tus conversaciones. Llena la cinta y luego escúchate; quizás te sorprendas: eso te ayudará a conocer las emociones que impregnan tus opiniones.

Te propongo otra práctica de atención positiva. Procura evitar usar la palabra "no". Puede hacerse como un juego en el que participen todos. A los niños les encanta: te sorprenderás otra vez. A veces uso esta práctica; puedes fijarte que en estos dos últimos capítulos he obviado usar la palabra "no"; sólo la he usado entrecomillada en las frases habituales negativas o mentiras personales.

Estando atentos a nuestras expresiones, podemos ser conscientes de nuestros sentimientos y, por lo tanto, empezar a modificar los malos hábitos negativos.

Es muy importante que "las frases poderosas" <u>las redactes siempre en positivo, nunca en negativo</u>. Jamás has de usar los adverbios "no", "ninguno", "nadie", "nunca". "No quiero que me maltraten". "No deseo esta pareja en mi vida". "Odio este trabajo". "Nadie me entiende". "Nunca encuentro la vivienda que me gusta". Esas son destructoras frases negativas que nos mantienen en lo que decimos querer cambiar. A veces nos repetimos continuamente frases de desánimo y luego nos extraña que nuestra vida esté llena de sufrimiento y decepciones.

Si queremos propiciar un cambio, debemos ser muy claros, para que nuestra mente reciba el mensaje positivo con nitidez. Deja de repetir lo que quieres eliminar; olvídalo. ¿Qué es lo que quieres? Escríbelo. "Me permito vivir en la abundancia", "tengo un buen trabajo en el que puedo realizarme", "recibo amor y comprensión", "acepto cambiar mis pautas mentales", "dejo que afloren mis verdaderos sentimientos". Pon claridad en tus frases. "Pedid y se os dará", dijo Jesús. A veces hemos pedido algo que anhelábamos y hemos recibido una experiencia dolorosa. Hemos pedido mal, inmersos en el caos. ¡Pide bien!, redacta desde un punto de vista optimista la frase que anule tu patrón negativo, escríbela en positivo y en presente siempre.

Es agradable ver la cara positiva de la vida. ¿El vaso está medio lleno o medio vacío? El agua llega hasta la mitad. Puedes aprender a ser ecuánime. La misma acción puede ser experimentada de diferentes maneras, "tu forma de interpretar la vida marca su recorrido".

Escribe tus frases poderosas en positivo y en presente. Siempre. Si escribes, por ejemplo: "buscaré otro trabajo", "me dejaré ayudar por un terapeuta", son unas afirmaciones deficientes, pues dejan la acción en el futuro incierto. Nunca escribas el verbo en futuro; es más efectivo ponerlo en presente. Con voluntad y fe, ya se está cumpliendo: "me dejo ayudar", "encuentro mi realización", "recibo amor", "tengo el trabajo idóneo para mí". Es presente, es hoy, es ya. En tu mente ya te estás dejando ayudar, ya estás recibiendo amor o respeto o reconocimiento. Todo lo que deseas que sea una realidad en tu vida lo estás sembrando ya: te lo das tú. Hoy, ahora, ya estás en la acción positiva del cambio.

Si piensas, "nadie me quiere", escribe: "yo soy digno de recibir amor", "estoy dispuesto a dar lo que exijo a los demás", "merezco una relación que me comprenda".

Si piensas, "odio a los hombres o a las mujeres", quizás tendrías que ir a buscar la raíz que engendró ese destructivo sentimiento. Empieza escribiendo "perdono a… (mi padre) por haberme abandonado" o maltratado. Los pensamientos que aparecen en la columna de la derecha te darán las pistas de lo que ocurrió y de lo que has de sanar o perdonar.

Es importante perdonar.

Podemos perdonarnos unos a otros. Nadie nos había explicado que perdonando viviríamos mejor o nos lo explicaron y lo comprendimos mal. Si nos negamos a perdonar, seguimos enlazados interiormente a esa persona, aunque esté lejos o haya muerto. El rencor nos corroerá y evitará que solucionemos el problema. El perdón desata, el perdón abre el corazón (En mi libro "Buscando respuestas" explico el poder del perdón.)

Evitamos perdonar porque creemos que perdonar es relajarnos, olvidar o sentir nuestra minusvalía, y eso choca con nuestra dignidad ofendida, con nuestro orgullo; así podemos reconocer que, además de rencorosos, somos orgullosos ¿A dónde nos llevan estos sentimientos negativos? ¿Nos llevan a lo que queremos? ¿Nos permiten tener una vida mejor? ¿Nos llevan a disfrutar de la vida o nos atan a un pasado doloroso? El perdón es un acto de suprema inteligencia y, además, sana y abre el corazón.

Jesús dijo refiriéndose a los que le torturaban: "perdónalos, Padre, porque no saben lo que hacen". Los soldados descargaban su rabia y cumplían órdenes de otros ignorantes poderosos, que tampoco sabían lo que estaban haciendo; tenían miedo de un ser que estaba creando una doctrina de vida que podría poner en peligro su autoridad. Detrás de su poder existía el miedo, la rabia y el orgullo. Ignoraban que matando creaban más miedo y más ira.

Comprendamos el guión doloroso que tiñe los actos de los que nos ofenden, ya que ellos son también víctimas. Si los comprendemos, será innecesario perdonarlos, pues seremos capaces de apreciarles en su dolor. Tendremos que crear un nuevo concepto mucho más amplio del acto de perdonar; el mal que sentimos que nos hacían llevaba las semillas de un bien que necesitábamos reconocer y vivir.

Si sentimos que el rencor es profundo y nos es difícil practicar el perdón, podemos escribir: "yo estoy abriéndome a comprender los beneficios del perdón", "me perdono por tener temor a perdonar", "el perdón me trae paz", "reconozco que mi orgullo me frenaba y lo abandono", "estoy abierto al cambio".

Yo voy poniéndote ejemplos de frases a repetir para que escojas la que más se adapte a lo que quieres cambiar.

Cuando ya hayas practicado puedes hacer unas variaciones importantes: Escribe tu nombre antes de lo que deseas lograr, "yo, Mercedes, soy digna de recibir amor", "yo, Luís, atraigo un buen trabajo". Así les das más énfasis al personalizar tus frases. Escríbelas un tiempo así, con el "yo" seguido de tu nombre.

Luego, puedes escribir tres series de diez frases cada una. En primera persona: "yo... (tu nombre) estoy dispuesta a abandonar el miedo". A continuación, diez frases en segunda persona, "tú.... estás dispuesta a abandonar el miedo". Hemos recibido muchos mensajes negativos en segunda persona: las autoridades de nuestra vida nos decían "tú eres malo", "tú eres un enredón", "tú eres un pesado". Ya es hora de que oigamos frases positivas, "tú... *(*nombre*)*... eres digno de confianza", "tú... logras tener un buen trabajo", "tu.... eres capaz de crear pensamientos positivos y cambiar tu vida" Luego, diez frases más en tercera persona, como si oyéramos lo que otros dicen de nosotros, "ella .... está dispuesta a abandonar el miedo", "ella, María, está disolviendo sus pautas negativas". "Él... (tu nombre)... atrae gente buena a su vida", "Ella... (tu nombre)... goza de mucha prosperidad". Cualquiera que sea la frase con la que quieras trabajar, <u>hazlo repitiéndola diez veces, en primera, segunda y tercera persona</u>. "Yo, María, merezco que me quieran", "tú, María, mereces que te quieran", "ella, María, merece que la quieran".

Además de expresar fe y tener constancia y sinceridad escribiendo "las frases poderosas", podemos mostrarnos agradecidos por los beneficios que, seguro, nos aportarán.

Agradecer es una buena costumbre que ensancha el corazón. Aunque sintamos que somos infelices, seguro que podemos encontrar cosas buenas o positivas en nuestra vida, que podemos agradecer al Universo o a Dios, o a quién tú sientas, que te provee.

Aunque sea mentalmente, podemos dar gracias siempre por todo lo bueno que ya tenemos y que a veces, en la vorágine de nuestras vidas, llegamos a olvidar.

Siempre podemos encontrar cosas buenas o agradables para agradecer. Encontrémoslas y agradezcámoslas: hay muchas; puedes comprobarlo. No son necesarias largas oraciones; mira al cielo y lanza repetidamente un "gracias" al viento.

<u>Podemos empezar las afirmaciones dando las gracias de antemano,</u> porque conseguimos lo que deseamos que sea real en nuestra vida; "gracias, porque yo... he dejado de temer los cambios", "gracias, porque yo... sé que es seguro cambiar"; "gracias, porque yo... reconozco mis resistencias y puedo abandonarlas".

Si ya damos las gracias antes de recibir, reforzamos el éxito de nuestro trabajo, pues demostramos tener la seguridad que se cumple lo que estamos escribiendo y la vida nunca decepciona cuando actuamos rendidos y con fe buscando sinceramente la paz, el amor o el bienestar.

Las "frases poderosas" me ayudaron mucho en mi proceso de autoconocimiento y sanación de mis guiones limitantes. Mis afirmaciones predilectas eran: "Gracias, porque yo, Mercedes, permito que la Infinita Inteligencia deshaga todos mis pensamientos erróneos", "gracias, porque yo, Mercedes, suelto las cadenas de mis guiones limitantes", "gracias, Infinita Inteligencia, porque yo, Mercedes, me amo, me acepto y soy digna de crear mi bienestar", "gracias, Dios, porque yo, Mercedes, dejo de ser víctima de mis mentiras.

Quiero explicaros ahora cómo una "frase poderosa" me ayudó a cambiar el rumbo de mi vida: En el año 1990 finalizó un buen trabajo que durante cuatro años tuve en una empresa de promoción inmobiliaria situada en Lloret de Mar.

De joven, por vocación, había estudiado Magisterio y, con mucha ilusión, había ejercido de maestra durante muchos años. Pero la docencia dejó de atraerme, por lo que ignoraba a qué podría dedicarme; tuve que buscar un nuevo empleo, aunque ya había cumplido los cincuenta años.

Una empresa de Barcelona en la que trabajaba mi hija me dio la oportunidad de incorporarme inmediatamente como asesora comercial. Concretamos que, mientras aprendía los entresijos de la sección en la que me ubicaron, me pagarían poco, pero tendría un buen plus en comisiones.

Cada día subía al tren a las ocho de la mañana, comía mal en restaurantes cercanos y regresaba a casa a las diez de la noche. Gastaba más dinero en tren y en comidas que el que ganaba. Yo necesitaba otro trabajo, pero aquel era el único que había encontrado.

Cada día, viajaba en el tren una hora y diez minutos de ida y lo mismo de vuelta. Siempre llevaba mi libreta para escribir las afirmaciones durante el trayecto y me inventé una nueva "frase poderosa": "Gracias, Infinita Inteligencia, porque yo, Mercedes, tengo un trabajo que me gusta, me realiza, me da dinero y tiempo libre".

Eso era lo que yo realmente deseaba. Quería un trabajo que me entusiasmara, como los que había tenido antes y me negaba a estar tanto tiempo fuera de casa y ganar tan poco. Daba las gracias porque confiaba plenamente en que lo encontraría.

Casi tres meses estuve bajando diariamente a Barcelona en tren, escribiendo con fe muchísimas veces mi nueva "frase poderosa".

"Casualmente", un día un muchacho que era el pintor de los edificios de la empresa en la que trabajé antes, nos invitó a mi pareja y a mí para ver la nueva casa que se había construido en una urbanización cercana. Hablamos sobre los desafíos y los problemas que genera edificar y nos dijo que quería crear su propia promotora/constructora inmobiliaria. Nos animó a invertir nuestro dinero en su nuevo negocio, ofreciéndonos un porcentaje anual.

Teníamos unos ahorros a plazo fijo en un banco que nos daba un interés muy bajo, pero lo que él nos proponía dar era también muy poco.

Aquella conversación "casual" hizo mella en mi mente y empecé a darle vueltas: tengo más experiencia que él en la promoción inmobiliaria por mi anterior trabajo; yo también puedo hacerlo, me gusta la idea…. Mi pareja se ofreció a ayudarme y a colaborar.

Al poco tiempo, compraba un terreno, buscaba topógrafo, geólogo, arquitecto, constructor, etc. Y, en unos meses, estaba construyendo el que fue el primer chalet de mi propia empresa promotora. Comenzaba un negocio que durante dieciséis años, hasta que me he jubilado, me ha permitido tener un trabajo que ha sido difícil, pero muy interesante. He disfrutado, me he realizado, he ganado un buen dinero y he tenido tiempo libre. He sido una empresaria autónoma que he podido programar mi tiempo de ocio y mi ritmo de trabajo, lo que me ha permitido leer mucho, asistir a los cursos y a las terapias que he necesitado y hacer los viajes que me han hecho ilusión, sin sobrepasarme.

Se materializó el trabajo que deseaba, el idóneo para esa época de mi vida. El trabajo mal pagado en Barcelona me ofreció un tiempo baldío que aproveché para ponerme en sintonía con mis íntimos deseos y expresarlos exhaustivamente en mi libreta de "frases poderosas". Se cumplieron exactamente, ofreciéndome una experiencia muy gratificante y enriquecedora.

Para redactar mejor tus propias frases, trata de hacer una lista con tus cinco ideas negativas más recurrentes, cuando las vayas descubriendo. Seguramente este libro te ayude a encontrarlas; refleja luego por escrito tus mentiras personales. Puedes liberarte de los pensamientos negativos más limitantes que te permitas tener de ti mismo, convirtiéndolas en "frases poderosas" que podrás repetir.

Nuestras mismas exigencias, encubiertas de impotencia, pueden inhibir nuestros impulsos y pueden ser unas de las mentiras personales que guían el desarrollo de nuestra vida: "no puedo conseguir lo que quiero", "nada es fácil para mí", "vivir es difícil", "nunca hay nada bueno para mí", "tengo que esforzarme mucho", "eso no va a funcionar". Sobre el reconocimiento consciente y sincero del pensamiento promotor, generalmente muy negado, puedes edificar tu nueva propuesta de vida.

Debajo de tus problemas existe "el verdadero problema". El que en realidad es tu problema. El que podrás descubrir en la columna de respuestas, el que niegas, el que te impides sentir: ese es el que distorsiona tu vida si te sientes infeliz. Encontrarlo es la tarea más gratificante que podemos hacer por nosotros mismos.

Persistiendo veinte veces al día, dejaremos salir la oposición inconsciente de las resistencias en la otra columna y podremos liberarnos de estas cadenas convirtiéndolas en nuevas afirmaciones. Sobre el reconocimiento del verdadero problema, podemos edificar nuestra nueva ley: "_Gracias, porque yo... estoy libre de ... (el inmerecimiento, la escasez, el orgullo) y soy capaz de conseguir lo que deseo". "Gracias, porque yo... tengo derecho a una vida muy gratificante", "gracias porque yo... merezco vivir en paz y con amor".

Atrévete a contemplar la vida a través de estos nuevos pensamientos. Date las gracias por darte a ti mismo el amor que reclamabas infructuosamente a los otros. Ámate a ti primero, atendiéndote, reservándote diariamente un rato para escribir y escucharte.

"Si quieres, puedes". Muchas veces esta frase deja de funcionar porque se aplica mal. Ya sabes ahora como has de "querer para poder". Demuéstratelo, pide poder demostrártelo, agradeciéndolo. "Gracias, porque yo... abandono mi papel de víctima impotente".

Quiérete bien, atiéndete, invierte tu tiempo en ti.

Siempre es el momento de reemprender tu propio reconocimiento. "Gracias, porque yo... he dejado de reprocharme", "gracias porque yo... suelto las cadenas de los patrones del pasado". Date las gracias por darte amor.

Si crees que prefieres repetir algunas de las frases poderosas que hemos visto en capítulos anteriores o al principio de éste, puedes añadirles al comienzo como hacemos ahora, la expresión de gratitud a Dios, e incluir tu nombre. Al iniciarte en ellas dejé de hacerlo para simplificar la explicación. Puedes crearte tus propias afirmaciones cortas, siempre en positivo y en presente. Repítelas, escríbelas, persevera y lograrás acercarte a lo que te propones; podrás, con tesón y paciencia, lograr la liberación de tu pasado y confiar en el poder de tus pensamientos y tus palabras, rindiendo tu orgullo a un poder superior que te protege.

Otra buena "frase poderosa": "Gracias, Infinita Inteligencia, porque yo... permito que limpies mi mente de pensamientos limitantes". Ese "permitir" conlleva mucha constancia y mucho trabajo interior. La sabiduría de algunos refranes nos ayuda a entender "a Dios rogando y con el mazo dando".

Después de repetir durante un tiempo "las frases poderosas" elegidas, podremos sentir que ganamos en comprensión y en paz interior; quizás ocurra más despacio de lo que nuestro yo impaciente desearía, pues en este trabajo nuestra mente es incapaz de controlar el ritmo del desarrollo. La intención es ir desbrozando el camino. "Gracias, Infinita Inteligencia, porque yo... abandono mis ansias por controlar".

Cuando "la frase poderosa" que hayas escogido repetir te venga a la mente, mientras estás haciendo tus tareas habituales, se habrá convertido ya en una herramienta muy poderosa y efectiva.

Gracias, Infinita Inteligencia, porque yo... (tu nombre)

...... sé que merezco ser feliz

...... tengo un trabajo que me gusta, me da dinero y tiempo libre.

...... soy capaz de reconocer todos mis sentimientos.

...... sé que tengo el poder para cambiar los guiones que me limitan.

...... soy digno de recibir amor.

Cuando pides, sientes y crees, siempre recibes. Cuando emites las vibraciones claras de lo que quieres, las circunstancias o los acontecimientos que has pedido, sin saber como se ven atraídos hacia ti, has logrado que estén en tu misma frecuencia. Por lo tanto, van a incorporarse a tu vida.

La Infinita Inteligencia, el Universo, Dios o el Poder Supremo, te los concede, de acuerdo con la ley de la atracción que rige nuestro mundo.

He escrito 'pides, sientes y crees'. Si estás escribiendo "frases poderosas", es obvio que pides lo que deseas y crees que vas a obtener resultados, pues esas son las condiciones que hay que aceptar para beneficiarse de su poder. Pero no olvides el "sientes": Cuando las escribes, has de entrar en el sentimiento que impregna el conflicto ya resuelto, has de sentir lo agradecido que estás por haber logrado este triunfo, la alegría que te llena, la sonrisa sincera que ilumina tu cara, la confianza que te colma, el bienestar que percibes. Mientras vas escribiendo y sientes esas emociones, estás siendo "el genio de la lámpara maravillosa", pues conectas con la energía vibratoria de todas las manifestaciones buenas, positivas y armónicas del Universo: esas que están a tu disposición y que te mereces.

Gracias, porque yo... tengo confianza y fe en que la Infinita Inteligencia me apoya siempre.

Gracias, porque yo, con tu ayuda, me siento seguro y dejo que afloren mis emociones negadas.

Gracias, porque yo…abandono mi temor a desprenderme de mi personalidad ofuscada.

LAS TRAMPAS DEL EGO

Creo que una de nuestras metas es lograr disfrutar conscientemente del don de la vida: ese bendito regalo de experimentación y autodescubrimiento.

Siento que podemos dejar de buscar el amor, la paz, el bienestar, la alegría o la felicidad, aunque pensemos que ese es nuestro camino. Si nos sentimos insatisfechos, podemos poner en duda el fin buscado y los métodos que hemos empleado.

Nuestro trabajo puede dejar de ser la búsqueda de "lo bueno" para dar prioridad a la creación de unos nuevos pensamientos más positivos y más amorosos que nos permitan desmantelar todos los obstáculos que hemos construido para que el éxito, el amor, la paz y la felicidad puedan llenar nuestra vida.

"Los elegidos son aquellos que eligen lo correcto antes". Podemos ser los elegidos. Todas las bienaventuranzas nos pertenecen; son nuestras ya: "sólo" tenemos que soltar las amarras que nos inmovilizan y evitar quedar atrapados en las trampas de nuestro anquilosado ego.

Elegir las amarras más invalidantes es una buenísima opción para comenzar el trabajo de escribir. Pon tu voluntad en el camino del agradecimiento y del reconocimiento e imagínate cómo disfrutas de la vida estando libre de ellas.

Algunas trampas habituales son:

- El desánimo.

Si después de un cierto tiempo algunas de nuestras frases poderosas siguen sin surtir efecto, defraudarnos o enfadarnos nos atoraría; reconozcamos que nuestro problema es que hemos pedido algo que nuestro ego teme recibir, o tal vez, nuestro subconsciente posee unas potentes pautas que nos impiden recibir lo pedido. O, incluso, en el fondo, nos negamos a recibirlo. Si la voluntad del ego es que nos sintamos enojados o frustrados para mantenerse, ese deseo puede ser mayor que el deseo de obtener el bien.

Para neutralizarlo podemos repetir: "gracias, porque yo... me libero del miedo a recibir... (el amor, el bienestar, el trabajo...), "gracias porque yo... estoy totalmente abierto a la abundancia y a todo lo bueno".

Increíblemente, por paradójico que parezca, "tendemos a evitar lo que más necesitamos". Seamos conscientes de ello y tengámoslo en cuenta.

El embrollo emocional en el que nos tienen encerrados las mentiras personales y los guiones, suele cegarnos. Las corazas construidas luego para sobreponernos a ellos tienden a perpetuarse y nos mantienen prisioneros.

"Una mitad de saber lo que quieres consiste en saber lo que debes abandonar antes de conseguirlo" dijo Sydney Howard muy acertadamente.

A veces, mientras pedimos la solución de un problema, una escondida voz actúa queriéndolo conservar. O sea, estamos dando a la vida un doble mensaje. Posiblemente pedimos algo que merecemos pero, al mismo tiempo, mantenemos el pensamiento: "nunca consigo lo que quiero", "el dinero apesta", "solo triunfan los enchufados", "no merezco...(una pareja estable, dinero, paz...)" Si buscamos pacientemente estas órdenes ocultas, encontraremos el inicio del hilo que hemos de tirar para deshacer el ovillo de nuestro embrollo vital.

- La revancha.

Si quieres escribir afirmaciones del tipo: "gracias, porque yo... soy rica", "gracias, porque yo... consigo el éxito", puedes preguntarte si van a funcionar y, además, creo que sería bueno que lo hicieras. ¿Qué hay detrás de esa afirmación? ¿Qué es lo que quieres? ¿Quieres alimentar tu ego o quieres desmontarlo? Si, en el fondo de tu corazón hay desamparo, si en la niñez tus padres atareados tenían poco tiempo para ti, si sientes que te ningunearon tus familiares o tus amigos, ¿deseas tener éxito o riqueza para calmar tu sed de reconocimiento, tu sed de honores o de venganza? ¿Existe una remota o implícita idea de algo semejante? ¿Piensas, quizás: ¡Van a enterarse de quien soy!? ¡Cuando todos me aplaudan, ya vendrán a mí! ¡Qué os creíais cuando me criticabais! Si tu voluntad es fuerte, tienes aptitudes y trabajas con ahínco, puedes conseguir el éxito que deseas pero, según cuales sean tus íntimas causas movilizadoras, debes tener en cuenta que el éxito o la riqueza quizás te lleven lejos de la paz y de la felicidad. Si el éxito te llega y te sientes frustrado, puedes revisar las pautas negativas que te lo enturbian y te lo hicieron desear. Además de tener éxito o riqueza, mereces tener bienestar, amor y paz.

El efecto tiene siempre una causa, búscala. Los demás te tratarán como tú los trates a ellos. Cambia tu trato. Lo que tú ofreces es lo que tú recibes. Si quieres el éxito para vengarte, recibirás venganza.

244

El camino del "renacer", de la "iluminación", de la vuelta "a casa del Padre", se aparta del narcisismo, de la venganza, de la superación del ego y del voluntarismo; es el camino de la sinceridad, de la rendición, de la fe, del agradecimiento, del reconocimiento y del perdón.

Si al principio escribes frases que neutralicen tu patrón de desamparo o de falta de reconocimiento, podrás crear un tipo de energía muy diferente, para que la felicidad llegue a ti. "Gracias, porque yo... perdono a mis padres por no haberme atendido como yo deseaba", "gracias, porque yo… perdono a mi madre por quererme abortar", "gracias, porque yo... sé que soy merecedora de una atención amorosa", "gracias, porque yo... me reconozco capaz de recibir amor y riqueza". Pide lo que estés decidido a experimentar, libre de la revancha.

- La tristeza.

Cuando vamos identificando guiones o reconociendo corazas, pueden invadirnos sentimientos de tristeza o sentirnos desvalidos, encogidos en una espacie de vacío que deja el ego que se va diluyendo. Quizás podemos vivir la sensación de paz como una sensación de vacío o desprotección que nunca antes habíamos sentido; eso nos puede hacer entrar en una fase de tristeza que, si aparece, tenemos que permitirnos sentir momentáneamente, para apaciguarnos luego y salir de ella reforzados. Habíamos estado viviendo, o sobreviviendo, ocultándonos de nuestros verdaderos sentimientos y, quizás, nos cueste aceptarlos y hasta nos apene constatar que hemos sido y somos envidiosos, rencorosos, miedosos, resentidos, rabiosos, vengativos, vanidosos...

Nos enseñaron que debíamos evitar ser malos o débiles, que estaba mal odiar, despreciar, envidiar o engañar. Pero los sentimientos considerados malos están en todos nosotros, aunque hayamos estado viviendo mentalmente de espaldas a ellos. Ahora, tenemos que rendirnos a la evidencia de que todos experimentamos diversos grados del mal, aunque es innecesario calificarnos de malos o sentirnos culpables.

Haremos bien en despojarnos del orgullo y en entrar decididos en la vulnerabilidad real. Si nos quedamos en medio del pozo, nos será muy difícil coger el impulso para dar el salto que permite la salida del mismo. Si somos valientes y tocamos el fondo, nos será más fácil salir reforzados.

En algunos casos, puede que temamos entrar al pozo, atenazados por el temor a que la indignidad nos colapse, creyendo con miedo que seremos incapaces de hallar la solución o el remedio a nuestros males. Si sentimos que estamos muy mal, pueden invadirnos la desesperanza y el temor a sentirnos víctimas para siempre. Esas son unas terribles actitudes de fuerte resistencia y de gran temor, creadas como consecuencia de un potente, irreconocido y lejano guión de inmerecimiento. Él nos amenaza con su poder paralizante, "soy incapaz", "no puedo", "sólo me hundo", "nadie va a ayudarme", "si me suelto moriré", "tengo mucho miedo", "he de controlar todo", "no merezco nada bueno", "nunca lo lograré".

En embarazos indeseados, en intentos de aborto y en los partos muy difíciles se crean estos patrones tan negativos e incapacitantes que es preciso neutralizar para avanzar hacia una vida digna de ser disfrutarla.

Con fe, constancia y gratitud podemos desmantelar las ideas negativas y apartarnos firmemente de la gran amenaza del victimismo, del poderoso "pobre de mí".

El victimismo posee una gran fuerza destructora que nos atenaza con una máscara de pretendida debilidad: "soy tan desgraciado", "nadie sabe lo que sufro". La debilidad esconde el orgullo por sentirse diferente: el más incomprendido, solitario, triste... lo que sea, pero "el más". Es tan fuerte lo que nos sucede, aunque sea doloroso, que nos da un cierto sentido de singularidad: "soy una víctima" "¡pobre de mí!".

Desde la posición de víctima impotente, nadie puede progresar. Si deseas disfrutar de la vida, olvida el orgullo solapado y la impotencia del victimismo. Al dejar de lloriquear, podrás llorar abiertamente tu pena, sacar tu rabia con métodos terapéuticos y reconocer tu patrón limitante. Los pensamientos que nublan tu mente son tus obsoletas e infantiles "mentiras personales". Acepta el gran poder que posees para crearte una vida mejor; ese es un pensamiento adulto y real que te permitirá lograr lo que deseas.

Gracias, Infinita Inteligencia, porque me das a conocer tu voluntad y me concedes la fortaleza para cumplirla.

- El inmerecimiento.

Si sientes que te falta reconocimiento ajeno, si sientes que se infravalora tu entrega, si tu dedicación está poco reconocida y piensas: "Me desvivo por todos y recibo menosprecio", "¡qué falta de gratitud!", "me sacrifico y nadie me lo agradece". ¿Ese tipo de frases son una constante en tu vida? Si es así, puedes revisar tus mentiras personales y tus patrones. ¿Das con verdadera entrega? ¿Ansías reconocimiento? Trata de hallar el motivo de fondo cuando ayudas a otros o te sacrificas por ellos. ¿Existe un poso de rabia interna? ¿Puedes hallar una capa bien oculta de fastidio o pesadumbre?

Siendo sincero, puedes levantar esa losa que oculta el hondo sentimiento irreconocido. Si hay rabia, odio, resentimiento o lo que sea que se oculte tras la máscara del afán desmedido de entrega, reconócelo, acéptalo y sánalo. ¿Por qué siempre has de ayudar tú y luego a ti nadie te ayuda? ¿Te sientes indigno de recibir amor? ¿Cuándo se te incrustó la idea del inmerecimiento? Repite las frases que anulan la indignidad y el inmerecimiento. Mereces ser feliz y que se valoren tus esfuerzos. Anula el patrón que te impide recibir alabanzas y gratitud y decide disfrutar de la vida.

- El perfeccionismo.

Algunos se empeñan en buscar la frase poderosa perfecta, se enredan tratando de hacer todo a la perfección y retrasan su cometido. ¿Para qué has de ser perfecto? Si es eso lo que quieres ser, ya puedes dejar de quererlo; es imposible ser perfecto en todo: deja de exigírtelo, deja de atormentarte ¿Cuándo aceptaste este guión? ¿Quién te lo impuso? ¿Te lo impusiste tú mismo? "Ellos quieren que yo lo haga todo bien", "si no soy perfecto, nadie me querrá", "si no soy perfecto, todo lo haré mal". Estas ideas perfeccionistas las comparten muchos hijos mayores y únicos.

Ellos, de niños, desconocían que los logros se obtienen después de varios fracasos, ya que sólo se podían comparar con sus padres, que "todo lo hacían bien": Comían sin mancharse, se abrochaban rápidamente los botones o los cordones de los zapatos, cortaban con destreza la comida....

Ellos quisieron igualarles, pero se quedaron atrapados en un perfeccionismo absolutamente innecesario que les carga la vida con una losa de falsa responsabilidad y les niega la espontaneidad para poder ser alegres como niños y disfrutar de las cosas sencillas.

Difícilmente obtendremos el reconocimiento tratando de merecerlo con voluntarismo; antes tendremos que reconocernos nosotros mismos y crear una buena base escribiendo: "Gracias, porque yo... acepto mis imperfecciones", "...abandono mi orgullo y acepto mi impotencia", "...me permito sentir mi vulnerabilidad y mi miedo", "...me reconozco libre y digno de vivir en paz y disfrutar".

- Poco ímpetu.

Si a pesar de nuestra buena voluntad, abandonamos nuestro empeño por hallar la felicidad, si dejamos de escribir, si lo posponemos, es porque necesitamos vivir alguna otra experiencia que sea el paso previo a una eficaz apertura. A veces, necesitamos un motor tremendamente poderoso, como un accidente o una enfermedad para que deseemos lo que decimos desear, como si en ello nos fuera la vida. En realidad, nos va la vida verdadera en ello, pero el temor atávico al cambio puede paralizarnos.

Dejemos de agobiarnos, cada uno tiene el momento más adecuado para su apertura. El caudal de bienestar, de amor y de paz de nuestro Yo Superior estará siempre esperando a que nos abramos a él y nunca aumentará nuestros miedos.

Cuando sea el momento adecuado, liberaremos la extraordinaria capacidad de nuestro verdadero ser con su inmensa implicación espiritual, esa que es capaz de obrar milagros.

Cuando deseemos con más fuerza la paz, el amor y el bienestar, que la inercia de nuestros problemas, podremos ser curados. "Ve, tu fe te ha sanado", dijo Jesús.

Si somos más positivos, más abiertos y más agradecidos, actuaremos como tales y aparecerán inevitablemente en nuestra vida unas nuevas circunstancias mejores.

Si el eco de las "frases poderosas" ha ido resonando en nuestro interior durante un tiempo, es seguro que el camino irá poniéndose a nuestros pies y hallaremos la forma más natural de recorrerlo, la que va a llevarnos todo lo lejos que seamos capaces de desear.

- "Los ¿Cómo?"

Quizás te preguntes ¿Cómo crearé una vida mejor? ¿Cómo me va a llegar el trabajo (o la pareja o la casa) que deseo? ¿Cómo puedo aceptarme si me siento indigno? Te aconsejo que dejes de preocuparte por "el como". Aleja este pensamiento que te impide progresar. Si te centras en esta preocupación, solamente lograrás quedarte donde estás: <u>preocuparte te aleja de la solución</u>.

Tú tienes que <u>ocuparte</u> de tu propósito más importante en este momento: neutralizar en tu mente las ideas limitantes que te impiden disfrutar de la vida.

Distraerte en las vanas elucubraciones de "los comos" te aleja de lo que estás deseando, pues es otra acción de resistencia del ego. ¿Cómo me va a llegar, cómo puedo, cómo…? Tú desconoces todos los caminos posibles: deja de quererlos controlar. Ábrete al Universo, ten fe, relájate y confía.

¿A dónde te ha llevado el control que ejercías? Reconoce que tu vida es diferente de lo que tú deseabas, lo verdaderamente importante nunca lo has podido controlar.

Date una nueva oportunidad cambiando lo que tu mente puede crear, relájate, olvida "los como" y vive en la fe.

La Vida es más sabia y más espléndida que nosotros, reconozcamos que desconocemos las leyes de su abundancia. Podemos hacer un profundo acto de humildad ante su magnificencia, dejar de preocuparnos y confiar en nuestro Yo Superior o en Dios.

El plano espiritual desconoce la carencia, el universo es siempre una manifestación de abundancia.

Hay numerosas galaxias con sus innumerables astros, el cosmos es inmenso, la naturaleza, exuberante y espléndida. Un árbol con sus numerosísimas hojas, un desierto con sus infinitos granos de arena, todo en la naturaleza demuestra que nosotros los humanos creamos desde el miedo; nosotros, en general, somos más escasos en nuestras creaciones.

La escasez es un espejismo que nos hemos construido, es una limitación humana, kármica; es una manifestación del miedo, porque nos hemos sentido solos y separados.

Hemos olvidado que el omni-presente y omni-potente Creador y nosotros, sus criaturas, somos sólo Uno.

Compartimos su gran poder creador para crear nuestras vidas con libre albedrío. Su presencia en todo nos une a todo el universo en una red de magnífico poder.

Por definición, Dios es omnipresente, o sea, está presente en todo y, por supuesto, está presente en tu interior, en el mío y en el de todos. Cuantas más dudas tenemos sobre esa unión, más separados y temerosos nos sentimos; dudamos más, en tanto en cuanto más solos nos percibimos. Las dudas reflejan el grado en que sentimos nuestra separación y lo inmersos que estamos en la culpa, la escasez y el inmerecimiento.

La ciencia y la técnica, que tantos beneficios nos han proporcionado, nos han lanzado a una vida superficial y material, alejándonos del verdadero poder mental y espiritual que poseemos.

Somos poderosos creadores que creamos desde la ignorancia. Pero somos capaces de crear desde el conocimiento de la conciencia despierta que sabe que Dios, el Todo, el Uno omnipresente, está en todos los seres.

Nosotros, que creamos nuestra vida, somos los responsables de liberar nuestra mente de las "mentiras personales", para que Él pueda actuar en nosotros, y a través de nosotros, con la mayor claridad posible.

Podemos considerar las frases poderosas como unas oraciones, que pasan de ser la súplica de un humano impotente que precisa la intervención de los santos para ser escuchado, a ser el eco de la aceptación, el agradecimiento y el reconocimiento de nuestro verdadero potencial creador.

Hemos visto que son muchas las trampas en las que nos puede encadenar el ego que teme desaparecer, pero también sabemos que la luz disipa las tinieblas.

Cuando iluminamos nuestra parte oscura, desconocida e ignorada, facilitamos su desaparición, ya que, al iluminarla, pasa a formar parte de nuestro conocimiento consciente, desde donde somos capaces de transformarla. Pongamos nuestro empeño en lograrlo y emprendamos el camino con auténtica sinceridad.

Ojalá que nuestra voluntad esté preparada para ponerse en marcha hacia unos objetivos concretos de felicidad, pero lo verdaderamente importante es lograr la apertura de nuestra mente y nuestro corazón, la sanación de nuestras heridas emocionales y el reconocimiento de la verdadera esencia de nuestro ser.

Liberarnos de los dolorosos enganches emocionales de nuestra infancia, recuperar la verdadera grandeza del libre albedrío y vivir conscientes el momento del "ahora", son los pasos necesarios para experimentar la maravillosa aventura del caminante transformado, armonioso y feliz que va confiado hacia el Amor y la Unidad, ese caminante, que en realidad todos ya somos. Solamente tenemos que darnos permiso para reconocerlo.

AGRADECIMIENTOS

Agradezco a mí Yo Superior el haberme inspirado este interesante tema de divulgación y de autoconocimiento.

Agradezco a Leonard Orr, Eric Berne, Ron Kurtz, Alfred Adler, Walter Toman, Ron Richardson y John Bradshaw sus magníficas investigaciones y tratados sobre psicología y desarrollo infantil. El eco de sus trabajos me ha permitido escribir este libro.

Agradezco profundamente a mi hijo Iván su paciencia y su colaboración incondicional en la transcripción y la diagramación de mis libros, y a mi hija Myriam su eficaz ayuda y sus fotografías.

Agradezco a Juan Teruel sus acertadas sugerencias en los aspectos lingüísticos

Gracias a todos los que habéis compartido mi camino, por ayudarme a comprender y a disfrutar de la vida